essentials

essentials liefern aktuelles Wissen in konzentrierter Form. Die Essenz dessen, worauf es als „State-of-the-Art“ in der gegenwärtigen Fachdiskussion oder in der Praxis ankommt. *essentials* informieren schnell, unkompliziert und verständlich

- als Einführung in ein aktuelles Thema aus Ihrem Fachgebiet
- als Einstieg in ein für Sie noch unbekanntes Themenfeld
- als Einblick, um zum Thema mitreden zu können

Die Bücher in elektronischer und gedruckter Form bringen das Expertenwissen von Springer-Fachautoren kompakt zur Darstellung. Sie sind besonders für die Nutzung als eBook auf Tablet-PCs, eBook-Readern und Smartphones geeignet. *essentials:* Wissensbausteine aus den Wirtschafts-, Sozial- und Geisteswissenschaften, aus Technik und Naturwissenschaften sowie aus Medizin, Psychologie und Gesundheitsberufen. Von renommierten Autoren aller Springer-Verlagsmarken.

Weitere Bände in der Reihe http://www.springer.com/series/13088

Thomas Friedrich Weigel

Qualität in der Medizin quantifizieren?

Eine Begriffsklärung in der Pay-for-Performance-Diskussion

Thomas Friedrich Weigel
Heilig-Geist-Hospital Bingen
Bingen am Rhein, Deutschland

ISSN 2197-6708 ISSN 2197-6716 (electronic)
essentials
ISBN 978-3-658-22655-8 ISBN 978-3-658-22656-5 (eBook)
https://doi.org/10.1007/978-3-658-22656-5

Die Deutsche Nationalbibliothek verzeichnet diese Publikation in der Deutschen Nationalbibliografie; detaillierte bibliografische Daten sind im Internet über http://dnb.d-nb.de abrufbar.

Springer Gabler

Gedruckt auf säurefreiem und chlorfrei gebleichtem Papier

Springer Gabler ist ein Imprint der eingetragenen Gesellschaft Springer Fachmedien Wiesbaden GmbH und ist ein Teil von Springer Nature
Die Anschrift der Gesellschaft ist: Abraham-Lincoln-Str. 46, 65189 Wiesbaden, Germany

Was Sie in diesem *essential* finden können

- Eine begriffliche Aufräumarbeit zu dem Pay-for-Performance-Konzept im Medizinsystem
- Die Darstellung der konstituierenden Merkmale der Medizin als praktische Wissenschaft und die daraus folgenden Konsequenzen für die Ergebnisqualität
- Eine Rekonstruktion und kritische Analyse der Quantifizierung der Qualität durch Qualitätsindikatoren

Inhaltsverzeichnis

1 Einleitung

> ***Quia parvus error in principio magnus est in fine***
> *Weil ein kleiner Irrtum am Anfang am Ende ein großer wird.*
>
> Thomas von Aquin (2008, S. 5)

Qualität und Quantität sind nach Aristoteles (1995, S. 3) und Kant (1966, S. 150) unterschiedliche Kategorien. Diese stellen aus philosophischer Sichtweise Formen der „Vermittlung von Denken und Sein“ dar (Hoenen 2010, S. 1215). Eine Kategorie wie Qualität und Quantität sind keine Sache oder Ding, sondern Verstandesbegriffe, die bei der Strukturierung des Denkens und der Erfahrung hilfreich sind. Der Begriff Qualität, der zunächst die Beschaffenheit einer Sache oder eines Dings beschreibt, wird im heutigen Sprachverständnis zunehmend im Sinne einer „positiven Wertung“ benutzt (Stekeler-Weithofer 2010, S. 2184). Diese Implikation der positiven Beschaffenheit führt dazu, dass der Qualitätsbegriff in ganz unterschiedlichen Bereichen und Zusammenhängen verwendet wird, um damit die positiven Eigenschaften von unterschiedlichsten Produkten und Dienstleistungen darzustellen. Auch im Medizinsystem bekommt der Qualitätsbegriff eine zunehmend prominente Position. Begriffe wie „Qualitätsmedizin“, „Qualitätswettbewerb“, „Qualitätsoffensive“ und „Qualitätstransparenz“, die seit einigen Jahren von vielen Akteuren im Medizinsystem vermehrt verwendet werden, sind nur einige Beispiele dieser Prominenz.

Die Qualität im Medizinsystem und dabei insbesondere die Qualität der Leistungen, die an Kliniken erbracht werden, ist auch Gegenstand des aktuellen Krankenhausstrukturgesetzes, das seit dem 01.01.2016 in Kraft ist. Dabei sollen die erbrachten Leistungen oder die Ergebnisqualität der Krankenhäuser, wie in diesem Gesetz vorgesehen, finanziell sanktioniert werden (Bundesgesetzblatt 2015). Die Ergebnisqualität soll gemessen, anhand dieser Messergebnisse bewertet und

T. F. Weigel, *Qualität in der Medizin quantifizieren?*, essentials,
https://doi.org/10.1007/978-3-658-22656-5_1

falls notwendig auch sanktioniert werden. In der Stellungnahme „Patientenwohl als ethischer Maßstab für das Krankenhaus" des Deutschen Ethikrates ist dazu zu lesen, dass „sich die Frage der Parameter für die Feststellung von Qualität verschärft stellen wird" (Deutscher Ethikrat 2016, S. 129).

Die Beschaffenheit oder Qualität von diagnostischen und therapeutischen Maßnahmen zu verbessern war schon immer Gegenstand der wissenschaftlichen Medizin. Unstrittig ist auch, dass für diese kontinuierlichen Verbesserungen die Sammlung von Daten und die statistische Analyse dieser Daten notwendig ist. Bei diesen Daten handelt es sich in aller Regel um Beschaffenheiten (Befunde, Ereignisse, etc.) die in Zahlen übersetzt werden, Messergebnisse (z. B. Blutdruck, Herzfrequenz, Serum Konzentrationen) und Häufigkeiten (z. B. Anzahl von Blutkonserven, postoperative Liegedauer in Tagen etc.). Messergebnisse und Häufigkeiten liegen dabei per se als Zahlen vor und benötigen daher keine zusätzliche Übersetzung. Mithilfe dieser Daten lassen sich in aufwendigen Untersuchungen, wie z. B. prospektiv randomisierten Studien, Urteile darüber gewinnen, ob beispielsweise Therapie A besser ist als Therapie B. Hierbei ist das Studiendesign so angelegt, dass mit hoher Wahrscheinlichkeit lediglich die Therapie als solche die Variable darstellt. Letztendlich handelt es sich hier um einen direkten Vergleich zwischen zwei Therapien. Bei dem Konzept der qualitätsorientierten Vergütung *(pay for performance)* werden Klinikabteilungen insgesamt beurteilt. Dabei werden komplexe Behandlungsabläufe, anhand von einigen Parametern (Qualitätsindikatoren), zusammenfassend als Ergebnisqualität beurteilt und bewertet.

Um etwas zu objektivieren und miteinander zu vergleichen, bietet sich ein Messverfahren an. Bei einem Messverfahren werden unterschiedliche Eigenschaften von Dingen oder Dienstleistungen in Zahlen übersetzt. Das Institut für Qualität und Transparenz im Gesundheitswesen (IQTIG) (IQTIG 2017a) mit 130 Mitarbeiterinnen[1] und Mitarbeitern wurde gegründet, um geeignete Verfahren zur „Messung der Qualität" im Gesundheitswesen zu entwickeln. Da Qualität in der Medizin im heutigen Sprachverständnis mit „guter" Medizin gleichzusetzen ist, gibt es an diesem Unternehmen auch aus ethischer Sicht zunächst wenig zu

[1]Aus Gründen der besseren Lesbarkeit wird im folgenden Text die männliche Form verwendet. Selbstverständlich sind mit Ärzten auch Ärztinnen, mit Mitarbeiter auch Mitarbeiterinnen, mit Chirurgen auch Chirurginnen und mit Patienten auch Patientinnen gemeint.

kritisieren. Es stellt sich aber die Frage, was ist „gute Medizin“ oder was ist ein „gutes Ergebnis“ bei der Behandlung von erkrankten Menschen.

Aufgrund der konstituierenden Eigenschaften von operativen Disziplinen, sind diese auf den ersten Blick, für eine Quantifizierung besonders geeignet. Dies liegt möglicherweise daran, dass es bei diesen Disziplinen – so die Sicht aus der Ferne – Gemeinsamkeiten mit Herstellungsprozessen gibt. Wesentlich komplexer ist die Beurteilung der Ergebnisqualität in anderen Disziplinen und Bereichen wie der Psychiatrie, Neurologie, Hämatologie, Pädiatrie, Dermatologie, palliativen Medizin, Onkologie, etc. und in weiten Teilen der Medizin, die sich mit chronischen Erkrankungen beschäftigt.

In den folgenden Kapiteln soll die Messung der Ergebnisqualität durch Indikatoren rekonstruiert und anhand von Beispielen, vor allem aus dem Bereich der Chirurgie, näher betrachtet werden. Es geht dabei auch darum, die zentrale Frage zu klären, „ob die Bezahlung nach Qualität vom Ansatz her für die Medizin [...] überhaupt tauglich ist“. Diese Frage stellt der Freiburger Medizinethiker Giovanni Maio (2015) in dem Artikel: „Ich tue das Richtige nur gegen Belohnung“.

2 Ergebnisqualität als Folge von ärztlichen Handlungen

Da der Qualitätsbegriff häufig im Sinne einer positiven Wertung genutzt wird und damit ein „gut" impliziert, ist es notwendig zu klären, was ein „gutes Ergebnis" von in Krankenhäusern erbrachten Leistungen konkret bedeutet. Gerade im Krankenhaus sind viele Akteure unterschiedlicher Professionen an dem Ergebnis oder Erfolg der erbrachten Leistungen beteiligt. Auch die Strukturen und Abläufe (Prozesse) innerhalb eines Krankenhauses leisten ihren Beitrag. Dennoch ist es aber auch heute noch so, dass ärztliches Handeln, insbesondere ärztliche Entscheidungen, ganz wesentlich den Verlauf einer Krankheit – nicht nur im Krankenhaus – und damit den Erfolg oder das Ergebnis bestimmen. Insbesondere die Indikation für eine diagnostische oder therapeutische Maßnahme ist eine genuin ärztliche Aufgabe. Weiterhin ist es so, dass diagnostische und therapeutische Maßnahmen, insbesondere chirurgische Eingriffe, von Ärzten durchgeführt werden. Daher soll bei der weiteren Erörterung das ärztliche Handeln näher betrachtet werden.

2.1 Ziel der Heilkunst

Von einem guten Ergebnis würde man vermutlich dann sprechen, wenn das Ziel als Folge einer Handlung, realisiert wurde. Wobei sich natürlich auch gute Ergebnisse einstellen können, wenn diese nicht das intendierte Ziel einer Handlung waren. Dennoch würde sehr wahrscheinlich jeder zustimmen, dass man von guter Medizin dann sprechen kann, wenn diese ihr Ziel erfüllt. Über das Ziel der Heilkunst formuliert Aristoteles in der Nikomachischen Ethik (1969, S. 5): „Da es aber viele Formern des Handelns, des praktischen Könnens und des Wissens gibt, ergibt sich auch eine Vielzahl von Zielen: Das Ziel der Heilkunst ist die Gesundheit […]". Wenn das Ziel der Heilkunst die Gesundheit ist, ist die Heilkunst oder Medizin das Mittel das eingesetzt wird, um dieses Ziel zu realisieren. Die Medizin

T. F. Weigel, *Qualität in der Medizin quantifizieren?*, essentials,
https://doi.org/10.1007/978-3-658-22656-5_2

als praktische Wissenschaft oder Handlungswissenschaft hat demnach die Aufgabe dem Arzt diese Mittel zur Verfügung und stellen. Zur Verfügung stellen bedeutet: Die Handlungen benennen, beschreiben, entwickeln und auch ständig zu verbessern, die notwendig sind, um das Ziel – die Gesundheit – zu realisieren. Bei aller Unschärfe der Begriffe Gesundheit und Krankheit als „Schlüsselbegriffe der Medizin", ist Gesundheit das Ziel (telos) und Krankheit die Legitimation ärztlichen Handelns (Paul 2012, S. 132). Es ist natürlich nicht die Medizin, die heilt oder die Gesundheit wiederherstellt, sondern der Arzt durch sein Handeln. Ein Beschreiben, Entwickeln und Benennen von Handlungen im Sinne einer wissenschaftlichen Erkenntnis ohne deren Vollzug am kranken Menschen würde an dem Zustand des Erkrankten nichts ändern (Gethmann et al. 2004, S. 48).

Es ist aber auch so, dass der Erkrankte auch selbst den Verlauf einer Krankheit und damit auch den Erfolg bestimmt. Dabei ist zu unterscheiden zwischen willentlichen Handlungen oder Unterlassungen des Erkrankten und Bedingungen des Erkrankten, auf die er keinen Einfluss hat. Zu letzteren gehören Alter, Nebenerkrankungen, Lebensgewohnheiten, familiäres und soziales Umfeld und weitere Faktoren oder Bedingungen. Von besonderer Bedeutung sind die willentlichen und wissentlichen Entscheidungen des Erkrankten. Denn letztendlich muss nach heutigem Verständnis der Erkrankte darüber entscheiden, welche diagnostischen und therapeutischen Maßnahmen bei ihm selbst durchgeführt werden. Dies gilt in dem Fall, dass er auch dazu in der Lage ist. Beauchamp und Childress beschreiben dies mit Kompetenz im Rahmen der informierten Einwilligung *(informed consent),* die wiederum dazu dient, die Autonomie des Erkrankten zu gewährleisten (Beauchamp und Childress 2013, S. 124).

2.2 Medizin als praktische Wissenschaft (Handlungswissenschaft) vs. poietische (herstellende) Wissenschaft

Die Frage der Verortung der Medizin innerhalb des Systems der Wissenschaften stellt sich insbesondere dann, wenn Denkweisen und die Rationalität aus anderen Wissenschaften auf die Medizin übertragen werden. Die Denkweisen, die in anderen Wissenschaften ihre Berechtigung haben und damit auch deren Kern bestimmen, müssen nicht zwangsläufig auch auf die Medizin als Wissenschaft übertragbar sein. Es ist auch möglich, dass Denkweisen aus anderen Wissenschaften die Medizin überfordern oder deformieren. Eine Deformierung wiederum würde den Kern der Medizin bedrohen und damit unkenntlich machen. „Die zunehmende Ausrichtung der Medizin an Konzepten der Herstellung von

Produkten birgt die Gefahr, dass die Medizin ihre eigene Identität als praktische Wissenschaft aus dem Auge verliert“ (Maio 2017).

Durch das Verständnis über diesen Kern, der die Medizin als Wissenschaft determiniert, ergeben sich zwangläufig Konsequenzen für die Anforderungen an die Medizin und an das, was Medizin als Wissenschaft überhaupt zu leisten vermag. Dabei geht es nicht darum, die Leistungsfähigkeit der wissenschaftlichen Medizin infrage zu stellen. Es ist unstrittig, dass die moderne Medizin ihre Erkenntnisse und die dadurch bedingten Erfolge ganz wesentlich den Naturwissenschaften zu verdanken hat. Auch Erkenntnisse aus anderen Wissenschaften wie der Soziologie (Wiesing 2004, S. 23) sind für die Medizin von Nutzen. Es würde der Medizin als Wissenschaft nicht gerecht, würde man deren „Handlungsrationalität“ von den Naturwissenschaften ableiten, denn: „Heilen als Zwecksetzung ärztlicher Tätigkeit ist kein Ziel naturwissenschaftlicher Erkenntnis als solcher“ (Gethmann et al. 2004, S. 48). Ebenfalls ist es nicht ausreichend, die Medizin als angewandte Naturwissenschaft zu bezeichnen. Der Physik als „Realwissenschaft“ würde man in gleichem Maße nicht gerecht, würde man diese als angewandte Mathematik, die wiederum „eine nichtempirische Disziplin“ ist, charakterisieren (Wieland 1986, S. 23).

Gethmann et al. (2004, S. 49) begründen die Unterschiede der medizinischen Fächer zu den Naturwissenschaften durch die „ihnen zugrundeliegende Handlungsrationalität“. Dieser Unterschied wird bei der Erfolgskontrolle deutlich. Wenn die Situation und die Rahmenbedingungen bei einem physikalischen Experiment, falls dieses wiederholt wird, identisch sind, so ist auch die Aussage, der Erfolg dieses Experiments vorhersehbar. Da in den medizinischen Fächern keine dem Laborexperiment identische Situation vorliegt, ist die Erfolgskontrolle eine andere. Der Arzt und Philosoph Wolfgang Wieland (1986, S. 28) verortet die Medizin ebenfalls zu dem Formenkreis der praktischen Wissenschaften und grenzt diese von den theoretischen Wissenschaften wie den Natur- und Geisteswissenschaften ab. Urban Wiesing (2004, S. 23) beschreibt in dem Buch „Wer heilt hat Recht?“ das Verhältnis der Medizin zu den Naturwissenschaften. Die Naturwissenschaften dienen der Medizin als Mittel, das eingesetzt wird, um dadurch den eigentlichen Zweck zu realisieren. Er stellt die historische Entwicklung der Verortung der Medizin als Wissenschaft dar, erläutert den Unterschied zwischen Wissen und Handeln und kommt dann ebenfalls zu dem Schluss, die Medizin als eine praktische Wissenschaft oder Handlungswissenschaft zu definieren.

Ein entscheidender Unterschied zwischen Wissen und Handeln ist die Legitimation. „Handeln muss legitimiert, Wissen hingegen verifiziert werden“ (Wiesing 2004, S. 25). Es ist auch so, dass ärztliches Handeln nicht nur legitimiert, sondern auch begründet werden muss. Hierbei leisten die Naturwissenschaften und besonders die empirische Forschung ganz entscheidende Beiträge über Wirkung und Wirksamkeit diagnostischer und therapeutischer Maßnahmen (Wiesing 2004, S. 17).

Gethmann et al. (2004, S. 49) unterscheiden zwischen „praktischen (von griech. *praxis,* menschbezogenes Handeln)“ und „poietischen (von griech. *poiesis,* werksbezogen, herstellendes Handeln)“ Wissenschaften, wobei die Autoren ebenfalls die Medizin bei den praktischen Wissenschaften verorten. Aus ihrer Sicht ist dies „für die wissenschaftsphilosophische Bestimmung der medizinischen Disziplinen [...] von zentraler Bedeutung.“ Dabei rekurrieren Gethmann et al. auf die bereits von Aristoteles formulierte Differenzierung der Wissenschaften. „Aristoteles bestimmt etwa in seiner Aufteilung [...] die Poiesis als Gegenbegriff zu praxis, derart, dass er praxis im Sinne des moralisch zu bewertenden Handelns gegen Poiesis als jede Art von Herstellung abgrenzt“ (Frede 2010, S. 2069).

2.2.1 Teleologie

Entscheidend ist, dass die Handlung innerhalb der praktischen Wissenschaften selbst der eigentliche Zweck ist. Bei dem Hervorbringen oder der Herstellung liegt der Zweck oder das Endziel außerhalb der Handlung. Bei der Herstellung ist der Zweck der Handlung das Produkt. Das Produkt wiederum ist in den meisten Fällen für die Nutzung durch den Menschen bestimmt. An dieser Stelle wird bereits deutlich, dass Ärzte nichts herstellen. Ärzte vollziehen Handlungen an kranken Menschen. Wobei selbstverständlich diese Handlungen letztendlich auch ein Ziel haben, nämlich die Wiederherstellung – nicht Herstellung – von Gesundheit oder die Heilung *(sanare)* von erkrankten Menschen. Hier ist es notwendig, zwischen Zweck und Ziel *(telos)* zu unterscheiden. Ein Zweck kann wiederum selbst als Mittel eingesetzt werden, um einen andern Zweck zu realisieren. Ein Ziel oder Endzweck (hier Gesundheit) kann nicht als Mittel eingesetzt werden. Dazu schreiben Zimmer und Regenbogen (2010, S. 3129):

> Zweck und Mittel erscheinen nicht an sich, sondern nur aufeinander bezogen in ihren Begriffsbestimmungen: In Handlungsabläufen kann ein Zweck zugleich Mittel, ein Mittel zugleich Zweck sein – allein der Endzweck ist nicht mehr Mittel. Insofern sind Zweck und Ziel nicht identisch.

Am Beispiel der operativen Entfernung des Wurmfortsatzes (Appendektomie) lässt sich der Unterschied zwischen Zweck und Ziel verdeutlichen. Um die Handlung (Operation) durchführen zu können, benötigt der Erkrankte eine Narkose.

Die Handlungen des Narkosearztes haben den Zweck, eine Operation zu ermöglichen. Das Ziel die Gesundheit kann mit einer alleinigen Narkose in den allermeisten Fällen nicht erreicht werden. Die Narkose, die zunächst der Zweck der Handlung des Narkosearztes war, ist dann das Mittel, das eingesetzt wird, um die Operation durchführen zu können. Die Operation hat den Zweck, den entzündlich veränderten Wurmfortsatz zu entfernen. Die Entfernung wiederum hat zunächst den Zweck, ein Fortschreiten der Erkrankung (Entzündung in der Bauchhöhle) zu verhindern. Damit soll dann der Endzweck oder das Ziel, die Wiederherstellung der Gesundheit des Erkrankten, erreicht werden. Es ist aber auch durchaus vorstellbar, dass durch etwaige Komplikationen, die kurzfristig nach der Operation auftreten, das Ziel eben nicht erreicht wird, im Extremfall die Gesundheit des Erkrankten zusätzlich erheblich gefährdet wird. Die Rate an Komplikationen nach einer Appendektomie liegt in der Größenordnung von 10 % (8–11 %) bis hin zur Todesfolge (Ceresoli et al. 2016).

2.2.2 Präzision, Erfolg und komplexe Systeme

Der Unterschied zwischen Handlung *(praxis)* und Herstellung *(poiesis)* ist von zentraler Bedeutung für die weitere Betrachtung der Quantifizierung von Qualitäten im Medizinsystem. Insbesondere, weil dadurch die Grenzen einer Handlungswissenschaft wie der Medizin deutlich werden und die Denkweisen und die Rationalität aus anderen Wissenschaften nicht ohne weiteres auf die Medizin übertragbar sind.

Bei der Produktherstellung sind im Wesentlichen einfache lineare Kausalitätsbeziehungen zu beachten. Daher lassen sich selbst aufwendige Herstellungsprozesse in kleinste Einheiten zerlegen und damit auch automatisieren. Völlig anders ist die Situation bei komplexen Systemen wie dem menschlichen Organismus. Bereits auf zellulärer Ebene gibt es zahlreiche Systeme, die der Logik von „gekoppelten nichtlinearen Gleichungen komplexer dynamischer Systeme" (Mainzer 2008, S. 56) entsprechen. Zellverbände, Organe und andere Strukturen sind ebenfalls Systeme, die sich nicht auf die Logik von linearen Gleichungen reduzieren lassen.

Diese Unterschiede werden vor allem bei der Präzision und dem Eintreten des Erfolgs deutlich. Die Erwartungen an die Medizin als Naturwissenschaft wurden vor allem durch „die Präzisierbarkeit der ärztlichen Praxis" enttäuscht (Wiesing 2004, S. 25). Häufig verwendete Präzisionen sind die genauen (präzisen) Größenverhältnisse von natürlichen Zahlen zueinander. Weiterhin ist es so, dass sich „praktisches Wissen nicht immer in derselben Weise objektivieren lässt, wie dies den Formen des theoretischen Wissens möglich ist“ (Wieland 1986, S. 33). Über den Erfolg ärztlicher Handlungen schreibt Wolfgang Wieland (1986, S. 45) und argumentiert in ähnlicher Weise wie Gethmann et al. (2004, S. 49), dass „der Handelnde den von ihm intendierten Erfolg niemals garantieren kann.“

▶ Merke: Die Logik von linearen Gleichungen ist auf komplexe zelluläre Systeme wie den menschlichen Organismus nicht ohne weiteres übertragbar. Die Logik von linearen Gleichungen funktioniert im Wesentlichen nach dem „Wenn-dann-Prinzip".

2.3 Urteilskraft und Indikation

Handlungen, insbesondere ärztliche Handlungen, sind die Mittel, die notwendig sind, um die Gesundheit, Heilung von Krankheiten oder die Linderung von Symptomen zu realisieren. Bei aller Unschärfe der Begriffe wie Gesundheit und Krankheit können diese dennoch bei der weiteren Erörterung verwendet werden, da hier zunächst die Handlungen näher betrachtet werden sollen. Die entscheidende Frage, die sich jeder Arzt täglich im klinischen Alltag stellen muss, ist: Welche Handlung ist notwendig, damit das Ziel (die Gesundheit) erreicht werden kann? Bereits bei der Diagnosefindung, die dann den Weg zur notwendigen (empfohlenen) Therapie aufzeigt, sind unterschiedliche Handlungen notwendig. Die körperliche Untersuchung, die durch die dem Arzt zur Verfügung stehenden Sinne erbracht wird, sowie die Durchführung einer technischen Untersuchung wie z. B. die sonografische Untersuchung der Bauchorgane sind von Ärzten erbrachte Handlungen. Die Befragung der Erkrankten (Anamnese) und die Gesprächsführung stellen ebenfalls eine Handlung dar (Thiele 2011, S. 18). Nach der Zusammenschau dieser und noch, je nach Situation, weiterer diagnostischen Maßnahmen lässt sich am Ende, nach sorgfältigem Nachdenken, eine Diagnose finden. Dieses Nachdenken führt zu einem Urteil, nämlich zu dem Urteil über das Vorhandensein oder Nicht-Vorhandensein einer konkreten Diagnose. Bereits während des Vorgangs der Diagnosefindung sind Urteile notwendig. Dazu schreibt Dieter Teichert (2010, S. 2845):

> Der Urteilsbegriff der Logik und Erkenntnislehre bestimmt die Bildung von Urteilen als maßgebliche Vollzugsform des Denkens. […] Menschliche Rationalität und Denken sind in entscheidender Weise durch die Fähigkeiten bestimmt, Urteile zu bilden, zu begründen und zu prüfen.

Das medizinische Wissen stellt zunächst einmal Regeln zur Verfügung. Das alleinige Wissen über diese Regeln, das die Medizin als praktische Wissenschaft in zahlreichen Lehrbüchern und Fachzeitschriften zur Verfügung stellt, reicht aber für das Urteil über die Anwendung dieser Regeln im konkreten Einzelfall nicht aus. Würde das alleinige Wissen ausreichen, dann könnte jeder, der die Bücher, in denen medizinisches Wissen vermittelt wird, lesen kann, eine Diagnose stellen. Dass es aktuelle Entwicklungen in diese Richtung („Dr. Google") gibt, muss an anderer Stelle weiter diskutiert werden.

Ein völlig unerfahrener, nur durch Wissen ausgestatteter Arzt würde vermutlich auch hier und da das richtige Urteil fällen, aber doch nur mit einer anzunehmenden Wahrscheinlichkeit, die für den klinischen Alltag und damit auch für den hilfesuchenden oder erkrankten Menschen wenig hilfreich ist. Er, der wenig erfahrene Arzt, wäre in seinem Urteil nicht verlässlich. Es braucht mehr als nur das bloße Wissen der Regeln.

Damit das Urteil verlässlich ist, oder – anders formuliert – das richtige Urteil getroffen wird, braucht es Urteilskraft. Dieser von Kant geprägte Begriff „bezieht sich auf die Fähigkeit der Bildung von richtigen, sachgerechten, sachangemessenen Urteil nach Regeln" (Teichert 2010, S. 2848). Dazu das Originalzitat von Immanuel Kant (1966, S. 210) bei dem er explizit die Urteilskraft des Arztes als Beispiel anführt:

> Ein Arzt daher, ein Richter, oder ein Staatskundiger kann viel schöne pathologische, juristische oder politische Regeln im Kopfe haben, in dem Grade, daß [sic!] er selbst darin gründlicher Lehrer werden kann, und wird dennoch in der Anwendung derselben leicht verstoßen, entweder, weil es ihm an natürlicher Urteilskraft (obgleich nicht am Verstande) mangelt, und er zwar das Allgemeine in **abstracto** einsehen, aber ob ein Fall in **concreto** darunter gehöre, nicht unterscheiden kann, oder auch darum, weil er nicht genug durch Beispiele und wirkliche Geschäfte zu diesem Urteil abgerichtet worden. Dieses ist auch der einige und große Nutzen der Beispiele: daß [sic!] sie die Urteilskraft schärfen.

„Nicht genug durch Beispiele und wirkliche Geschäfte" ist nichts anderes als Erfahrung. Kant ist der Ansicht, dass die Urteilskraft durch Erfahrung geschärft wird.

Die Herstellung eines Tisches ist auch ohne Urteilskraft möglich. Hier reicht ein Wissen darüber oder die Anwendung von Regeln aus. Ohne an dieser Stelle die Leistungen eines erfahrenen Tischlers infrage zu stellen, so ist es doch möglich, auch nach dem Studium einer kurzen schriftlichen Anleitung (Wissen), wie sie häufig bei den Produkten aus der Möbelindustrie zu finden ist, einen Tisch herzustellen.

Wesentlich komplexer ist die Frage, nachdem eine Diagnose erarbeitet wurde, nach der notwendigen (indizierten) und zugleich angemessenen Therapie. Dieser

Denkvorgang oder Entscheidungsprozess, der letztendlich in ein Urteil mündet, ist – gerade wenn es um operative Maßnahmen – geht, von zentraler Bedeutung. Dies wird im Medizinsystem als Indikation (*indicare:* anzeigen) zusammengefasst. Die Einbeziehung des Erkrankten während dieses Entscheidungsprozesses und der Vorgang der informierten Einwilligung *(informed consent)* (Beauchamp und Childress 2013, S. 120) sind wiederum die Voraussetzung für die Durchführung der operativen Maßnahme. Der Jurist Volker Lipp (2015, S. 43) fasst dies in dem Beitrag „Die medizinische Indikation aus medizinrechtlicher Sicht" folgendermaßen zusammen:

> Die medizinische Indikation ist ein fachliches Urteil des behandelnden Arztes, dass eine bestimmte medizinische Maßnahme geeignet ist, das mit dem Patienten gemeinsam festgelegte Behandlungsziel zu erreichen, und dass sie aus ärztlicher Sicht das dafür angemessene Mittel ist. […] Sie ist relational, konkret und individuell.

Weigel et al. (2017) schlagen folgende Definition der Indikation vor und berücksichtigen dabei auch den Zeitpunkt und das Wie:

> Die Indikation, als zentrales ärztliches Moment, ist das Ende eines sorgfältig abgewogenen Entscheidungsprozesses, der darin mündet welches Mittel wann und wie eingesetzt werden sollte, um den Zweck ärztlicher Handlungen zu erreichen.

Die Entscheidung, wie dieses Mittel eingesetzt wird, impliziert auch gerade in der Chirurgie die Frage, wer dieses Mittel (hier Operation) einsetzt. Diese Frage ist im klinischen Alltag auch im Hinblick auf den zu erwartenden Umfang der Operation nicht unwesentlich. Sie muss auch unter dem Aspekt der Ausbildung der ärztlichen Mitarbeiter, die wiederum von zentraler Bedeutung ist, beantwortet werden. Dabei handelt es sich eher um organisationsethische Fragen, die sich dennoch auf den Erfolg (Ergebnis) der indizierten Maßnahme mittelbar und unmittelbar auswirken können.

Bei diesem Urteil (Indikation) über die notwendige operative Maßnahme sind ganz unterschiedliche Aspekte zu berücksichtigen. Bei einer akut lebensbedrohlichen Erkrankung, bei der die Operation unmittelbar erfolgen sollte, treten weitere Aspekte in den Hintergrund. Eine Sonderstellung nehmen dringliche Operationen ein. Da diese innerhalb weniger Stunden durchgeführt werden sollten, sind der Umfang der Entscheidungsfindung und insbesondere die Durchführung von zahlreichen diagnostischen Maßnahmen und das Einholen einer Zweitmeinung aus verständlichen Gründen eingeschränkt. Dennoch sind auch (oder gerade deshalb) die Prinzipien der Indikation sorgfältig zu beachten. Bei einer geplanten (elektiven) Operation liegt eine andere Situation vor.

Bei der Urteilsfindung oder dem Vorgang der Indikation sind die Erfolgsaussichten und damit der Nutzen für den Erkrankten gegenüber den Risiken *(primum nil nocere)* sorgfältig abzuwägen. Die Risiken sind wiederum abhängig vom Umfang der geplanten Operation und der individuellen Situation des Erkrankten wie Alter, Körpergewicht, Gewohnheiten und Nebenerkrankungen. Hinzu kommt auch die soziale Situation, in der sich der Erkrankte zum Zeitpunkt der geplanten Operation befindet. Die zu erwartende Mitarbeit nach der Operation ist ebenfalls Gegenstand dieser Überlegungen. In vielen Fällen gibt es zu den Erfolgsaussichten und den Risiken quantifizierte Wahrscheinlichkeiten, die bei der Beurteilung hilfreich sind. Diese quantifizierten Wahrscheinlichkeiten ersetzen Begriffe wie „selten", „sehr selten", „so gut wie nie", „häufig", „fast immer". Wobei es letztlich diese Begriffe sind, die bei dem Denkvorgang, der in ein Urteil mündet, verwendet werden.

Auch in Kenntnis sämtlicher zur Verfügung stehender Daten (Wissen), die letztendlich Regeln darstellen, braucht es gerade bei der Indikation die durch Erfahrung geschärfte Urteilskraft. Nur der Chirurg, der über eine jahrelange praktische Erfahrung verfügt und daher auch viele ähnlich gelagerte Situationen und auch die zu erwartenden Risiken schon „erlebt" hat, kann hier ein richtiges Urteil treffen.

Sicherung und Management von Qualität und andere „Qualitäten" 3

Der Qualitätsbegriff wird im Medizinsystem in ganz unterschiedlichen Kontexten verwendet. Ob es sich hierbei um die Beschreibung von der Beschaffenheit oder auch um eine implizierte positive Wertung der Qualität handelt, ist nicht immer erkennbar. Häufig werden beide Inhalte auch miteinander vermischt. Daher ist zunächst auch etwas begriffliche Aufräumarbeit notwendig.

3.1 Qualität als positive Eigenschaft

Die Qualität einer Sache oder eines Dings ist zunächst ohne Wertung. Die Qualität „gelb" im Falle der Zitrone stellt keine Wertung dar, ebenso wie die Qualität „sauer". Ob „sauer" gut oder schlecht ist, hängt davon ab, wozu eine Zitrone verwendet werden soll und natürlich auch vom individuellen Geschmacksempfinden.

Nun ist es aber so, dass der Qualitätsbegriff auch im Sinne einer positiven Eigenschaft (Wertung) verwendet wird. Die Adjektive „positive" oder „gute" Qualität werden nicht hinzugefügt, sondern die Verwendung des Qualitätsbegriffs impliziert diese Adjektive. Am Beispiel des Qualitätsweins wird diese Wertung deutlich. Der Begriff „Qualitätswein" ist ein Gütekriterium, das diesen Wein von anderen Weinen unterscheidet. Damit dieser so bezeichnete Wein dieses Siegel führen darf, sind wiederum bestimmte Eigenschaften notwendig, die dieser Wein erfüllen muss. Die Zugehörigkeit zu einem Anbaugebiet, die Alkoholkonzentration und die Zufuhr von Zucker sind die Kriterien, die bestimmen, ob ein Wein das Gütesiegel „Qualitätswein" erhält.

Dieses dient dazu, den so benannten Wein von anderen Weinen wie Landwein oder Tafelwein, zu unterscheiden und im Sinne von „besser als" von ihnen abzugrenzen. Letztendlich kann für diesen Qualitätswein auch ein höherer Preis (Quantität) verlangt werden. Eine vergleichbare Kategorisierung stellt die

T. F. Weigel, *Qualität in der Medizin quantifizieren?*, essentials,
https://doi.org/10.1007/978-3-658-22656-5_3

Bewertung von Hotelunterkünften nach „Sternen" dar. Auch hier soll die Anzahl (Quantität) der Sterne, die Beschaffenheit (Qualität) eines Hotels beschreiben. Diese begründet den Preis.

3.2 Qualität im Medizinsystem

Die zentrale Bedeutung des Qualitätsbegriffs im Medizinsystem wird auch daran deutlich, dass es zahlreiche Institute gibt, die diesen Begriff in ihrem Namen tragen. Zu nennen sind hier das Institut für Qualität und Wirtschaftlichkeit im Gesundheitswesen (IQWiG), Ärztliches Zentrum für Qualität in der Medizin (ÄQM), Institut für angewandte Qualitätsförderung und Forschung im Gesundheitswesen (AQUA), Institut für Qualität und Patientensicherheit (BQS) und das Institut für Qualität und Transparenz im Gesundheitswesen (IQTIG). Es wird sicherlich auch noch einige weitere Institute geben. Sämtliche dieser Institute kreisen um den Begriff der Qualität, häufig ohne dabei konkret zu benennen, was eigentlich mit Qualität gemeint ist.

Am folgenden Beispiel wird die Vernetzung der Protagonisten von „Qualität im Medizinsystem" exemplarisch aufgezeigt. Das AQUA-Institut, wurde inzwischen in „aQua"-Institut (AQUA 2017) umbenannt und unter dem Firmenlogo ist zu lesen: „Zukunft durch Qualität". Auf der Webseite des aQua-Instituts gibt es neben anderen zahlreichen Deklinationen des Qualitätsbegriffs einen Hinweis auf einen Kongress mit dem Namen „Stiftung Initiative Qualitätskliniken SIQ!" (Qualitätskliniken 2017) Das Logo eines Kostenträgers im deutschen Medizinsystem (AOK) ist auf dieser Webseite ebenfalls zu sehen. Unter „Kontakt" auf dieser Webseite findet sich eine GmbH mit dem Namen „4 QD-Qualitätskliniken.de". Ebenfalls ist unter „Kontakt" ein eingetragener Verein mit dem Namen „IQM – Initiative Qualitätsmedizin e. V." mit Sitz in Berlin genannt. Auf der Webseite (Qualitätsmedizin 2017) dieser „Initiative" ist zu lesen:

> Medizinische Qualität ist messbar, muss transparent gemacht und zum Wohl der Patienten verbessert werden. Dazu setzen die IQM Mitgliedskrankenhäuser auf die direkte Messung der für die Patienten bedeutsamen medizinischen Ergebnisqualität.

Vermutlich wird es in der inhaltlichen Arbeit der genannten Institute einige Schnittmengen oder Redundanzen geben. Bemerkenswert ist der Befund, dass die Anzahl dieser Institute während der letzten Jahre beständig zugenommen hat.

Es ist nicht so, dass eine Neugründung die Schließung eines anderen Institutes bedeutet. Dies zeigt sich vor allem bei den Instituten BQS, AQUA und IQTIG, die inhaltlich sehr ähnlich ausgerichtet sind. Eine Diskussion über den Bedarf und die Finanzierung dieser Institute findet in der öffentlichen Debatte im Grunde genommen nicht statt. Dieser Umstand mag auch an den Implikationen des Begriffes der Qualität eine ihrer Ursachen haben.

3.2.1 Qualitätssicherung

Der Begriff der „Qualitätssicherung“ wird im Medizinsystem in unterschiedlichsten Kontexten verwendet und nimmt somit eine zentrale Rolle ein. Dieser impliziert, dass durch geeignete Maßnahmen die Qualität gesichert werden kann. Die Maßnahmen oder Mittel sind der Zweck und die Sicherung der Qualität ist das Ziel. Auch hier wird die positive Wertung des Begriffs deutlich. Als erklärtes Ziel kann Beschaffenheit oder schlechte Qualität nicht überzeugen. „Die Umsetzung der Forderung nach guter Qualität in der Gesundheitsversorgung geschieht in der Praxis durch Qualitätsmanagement und Qualitätssicherung“ (Prütz 2012). Wobei das Qualitätsmanagement ein Mittel ist, das eingesetzt wird, um dadurch die Qualität zu sichern.

3.2.2 Qualitätsmanagement

Das Verfahren „Qualitätsmanagement“ ist eine Maßnahme, um aus Sicht vieler Akteure die Qualität auch im Medizinsystem zu sichern. In dem Beitrag „Totale Mobilmachung – Menschenführung im Qualitäts- und Selbstmanagement“ beschreibt der Soziologe Ulrich Bröckling (2000) die Inhalte, die Prinzipien und die daraus entstehenden Folgen des Qualitätsmanagements. Dabei geht er zunächst auf die Bedeutung und die Implikationen des Begriffs „Management“ ein (Bröckling 2000, S. 131):

> Management scheint heute so allgegenwärtig wie unvermeidlich: Geht man nach dem Sprachgebrauch, werden inzwischen nicht nur Wirtschaftsunternehmen ‚gemanagt‘, sondern auch Karriere, Familienalltag und Beziehungsprobleme, Behörden ebenso wie Bürgerinitiativen. Kein Krankenhaus ohne Pflege-, keine Theatergruppe ohne Kultur-, [...] ohne Weiterbildungsmanagement;

Bei den Erläuterungen des Managementbegriffs zitiert Bröckling in seinem Beitrag den Soziologen Otto Nigsch (1997):

> Mit Management verbinden sich positiv besetzte Assoziationen wie Klarheit, Unkompliziertheit, Sachlichkeit, Kompetenz und Effizienz. […] Wer seine Tätigkeiten, was immer es auch sei, in der Nähe des Managements positioniert, verschafft ihnen jene neue Qualität, welche Distinktionen im Sinne höherer Weihen sicherstellt.

Aufgrund dieser positiv besetzten Assoziationen liegt es durchaus auch nahe, die Qualität zu managen und den Begriff des Qualitätsmanagements (QM) zu kreieren. Die inhaltliche Ausgestaltung und die nähere Bedeutung des QM haben ihre Wurzeln in der herstellenden Industrie und dabei wiederum in der Rüstungsindustrie (Bröckling 2000, S. 147).

Bei den Besonderheiten der Herstellung und Reparatur von Rüstungsgütern und deren Einsatz ist die Bedeutung der Kompatibilität unterschiedlichster Werkstücke ohne weiteres ersichtlich. Diese Kompatibilität wiederum kann nur garantiert werden, wenn die Materialien die Beschaffenheit (Qualität) haben, die von ihnen erwartet wird. Das bedeutet, dass Beschaffenheit zu Beginn eines Fertigungsprozesses festgelegt werden muss. Wenn an dessen Ende die Beschaffenheit mit der erwarteten in hohem Maße übereinstimmt ist der Begriff der hohen Qualität gerechtfertigt. Diese Übereinstimmung im Sinne eines Vergleichs zwischen Ist und Soll findet sich auch in unterschiedlichsten Definitionen der Qualität im Medizinsystem (Prütz 2012):

> Qualität ist ‚das Ausmaß, in dem Gesundheitsleistungen für Individuen und Populationen die Wahrscheinlichkeit erwünschter gesundheitlicher Behandlungsergebnisse erhöhen und mit dem gegenwärtigen professionellen Wissensstand übereinstimmen' (Institut of Medicine; Definition zitiert nach Schwartz et al. 2006, S. 1183)

An dieser Definition gibt es wenig zu kritisieren, da sie letztlich das Ziel von ärztlichem Handeln darstellt, die Gesundheit (Paul 2012, S. 132). Die Frage, ob „Gesundheitsleistungen" (ärztliche Handlungen) dieses Ziel erreichen und wie hoch die Eintrittswahrscheinlichkeit ist, war schon immer Gegenstand der Medizin als Wissenschaft und wird es auch bleiben.

Inzwischen wird das QM nicht mehr nur auf einen einzelnen Fertigungsprozess angewendet, sondern es durchdringt im Sinne des Totaly-Quality-Managments (TQM) sämtliche Bereiche eines Unternehmens. „Statistische Kontrollen der Arbeitsabläufe, Kunden- und Mitarbeiterbefragungen […] fungieren dabei als Rückkopplungsschleifen und liefern die für eine flexible Prozesssteuerung benötigten Informationen" (Bröckling 2000, S. 150). Die zahlreichen

Zertifizierungsverfahren, mit denen das QM in den jeweiligen Unternehmen etabliert wird, zeigen die Infiltration in ganz unterschiedliche Bereiche und nicht zuletzt auch im Medizinsystem. Es gibt inzwischen nur wenige Kliniken, in denen eine solche Etablierung (Zertifizierung) bisher nicht stattgefunden hat. Die Kosten für eine solche Zertifizierung, die in regelmäßigen Abständen nach einer Re-Zertifizierung verlangt, sind nicht unerheblich. Sie liegen zwischen 25.000 und 205.300 € für das Verfahren „DIN EN ISO 9001:2008“ am Beispiel der Urologie (Schroeder-Printzen 2014).

Auch bei der Formulierung eines gemeinsamen Zieles eines Unternehmens wird die „Qualität“ herangezogen. Die Steigerung der Produktivität als Unternehmensziel wird vermutlich, nicht nur bei gewerkschaftlich organisierten Mitarbeitern, den Reflex der Leistungsverdichtung hervorrufen. Dazu ein Zitat aus dem Buch „Kaizen. Der Schlüssel zum Erfolg der Japaner im Wettbewerb“: „Gegen Qualität kann jedoch niemand etwas haben, auch nicht der Betriebsrat. [...] Bemühungen um verbesserte Qualität führen von selbst auch zu verbesserter Produktivität“ (Imai 1992, S. 130).

Das japanische Wort „Kaizen“ bedeutet „eine Veränderung zum Besseren“ und scheint nach einer nicht systematischen Durchsicht der Literatur (Brunner 2008; Howaldt et al. 1998) zur Unternehmensführung als Verfahren durchaus etabliert zu sein. In dem über tausend Seiten umfassenden Buch „Neue Organisationsformen im Unternehmen“ (Bullinger et al. 2003) findet sich ein eigenes Kapitel „Kaizen“ (Teufel 2003) und unter der Überschrift „Qualitätsmanagement“ ein Beitrag „Qualität als entscheidender Wettbewerbsfaktor“ (Mai 2003). Die hier angebotene Definition von Qualität lautet: „Dieser Charakter kommt besonders stark in der anwenderorientierten Definition von Qualität als ‚fitness for use‘ (Gebrauchsneigung) zum Ausdruck“ (Mai 2003, S. 926). Das Beispiel verdeutlicht die große Spannbreite der Implikationen des Qualitätsbegriffs. Nach dieser Logik hätte das Buch „Kritik der reinen Vernunft“ von Immanuel Kant eine geringere Qualität als eine als Buch veröffentlichte Autobiografie eines Fußballprofis, die auf einer Bestsellerliste *(fitness for use)* zu finden wäre. Die in Büchern zur Unternehmensführung vermittelte Erkenntnis, dass Qualität ein entscheidender Wettbewerbsfaktor ist, mag ein Grund für die Ausbreitung und Infiltration dieses Qualitätsbegriffs sein. Auch Krankenhäuser als Unternehmen sind von diesen Entwicklungen nicht ausgenommen.

Bemerkenswert ist an dieser Stelle, dass die Protagonisten und Entwickler des QM-Verfahrens in der vollständigen Ausdeklination (TQM) die Bedeutung der intrinsischen Motivation durchaus erkannt haben. Diese wird als Mittel zur Steigerung der Effizienz genutzt. Systeme, die Sanktionen bei Fehlern als Folge von Kontrollergebnisse vorsehen, lassen sich im 21. Jahrhundert wohl kaum dauerhaft etablieren. Vor allem wären diese nicht erfolgreich und damit nicht effizient. Der „christliche Dreischritt von Bekenntnis, Reue und Vergebung" (Bröckling 2000, S. 144) hat in der heutigen Unternehmenskultur in weiten Teilen nur noch eine geringe Bedeutung. Ein zentrales Moment innerhalb des QM-Verfahrens bilden zahlreiche dort installierte Feedback-Systeme, deren Zweck es ist, Prozesse, Mitarbeiter und damit die Produkte oder Dienstleistungen im Sinne der Marktkonformität zu verbessern. Diese Systeme dienen dadurch auch der „Selbsttechnologie" im Sinne einer Selbstoptimierung und bilden „die Schnittstelle zwischen Sozial- und Selbsttechnologie" (Bröckling 2000, S. 153).

Im Artikel „Was ist an Qualitätsmanagement evidenzbasiert?" (Eberlein-Gonska 2011) kommt die Autorin nach Durchsicht zahlreicher Literatur in der Zusammenfassung zu dem Ergebnis, dass die Frage, ob durch das QM eine bessere und effizientere Versorgung im Medizinsystem gefördert wird, „hinsichtlich des Einfluss/Nutzens auf das Gesamtsystems," nicht zu beantworten ist. Um die Wirksamkeit von QM und anderen Qualitätssicherungsmaßnahmen zu überprüfen, haben die Autoren Khan und Ollenschläger (2014) in einer systematischen Literaturanalyse 3065 potenziell relevante Artikel untersucht, von denen letztlich 18 Arbeiten in die Analyse eingeschlossen wurden. Dabei kommen sie zu dem Ergebnis, dass „für Deutschland in keiner Studie ein kausaler Zusammenhang zwischen QM/OS-Programmen und einem relevanten Nutzen für die verbesserte Behandlungsqualität von Patienten im Krankenhaussektor nachgewiesen werden konnte." Diese Ergebnisse könnten darin begründet sein, dass das QM-Verfahren und auch andere Methoden der Qualitätssicherung (Behandlungspfade [SOP], Prozessoptimierung etc.) letztendlich ihren Ursprung in der herstellenden Industrie haben und sie daher nicht ohne weiteres auf das Medizinsystem angewendet werden können. Bei der Herstellung von Produkten sind im Wesentlichen einfache lineare Kausalitätsbeziehungen zu beachten. Daher lassen sich aufwendige Herstellungsprozesse in kleinste Einheiten zerlegen und damit auch automatisieren. Die Möglichkeiten der Automatisierung und der damit verbunden Hoffnung der Effizienzsteigerung sind bei einer Handlungswissenschaft wie der Medizin sehr begrenzt.

3.2.3 Struktur-, Prozess und Ergebnisqualität

Häufig verwendete Begriffe im Medizinsystem sind die Struktur,- Prozess- und Ergebnisqualität. Die Beschreibung dieser Kategorien im Kontext des Medizinsystems findet sich in den Arbeiten von Donabedian (1966). Unter „Strukturqualität" versteht man u. a. die Ausstattung mit medizinischen Geräten, Größe und Beschaffenheit von Räumen (z. B. OP-Saal), Einrichtung von Sprechstunden und nicht zuletzt auch die Personalstruktur wie Anzahl und Qualifikation.

Unter die Kategorie „Prozessqualität" fallen die Abläufe von unterschiedlichen Einrichtungen, zu denen auch Krankenhäuser gehören, und auch die Abläufe innerhalb verschiedener Strukturen (Intensivstation, Notaufnahme) eines Krankenhauses. Regelmäßige Besprechungen, Visiten und die Interaktion zwischen Arzt und Patient gehören im Medizinsystem dazu wie auch die Interaktion zwischen Ärzten untereinander.

Niedrige Komplikationsraten (Morbidität) nach operativen Maßnahmen, schnelle Mobilisation nach orthopädischen Eingriffen, niedrige Mortalitätsraten (Sterberate) nach medizinischen Maßnahmen und Patientenzufriedenheit lassen sich unter der Kategorie „Ergebnisqualität" subsumieren, wobei sich die Struktur- und Prozessqualität auch mittel- oder unmittelbar auf die Ergebnisqualität auswirken werden.

Über den Zusammenhang von Anzahl und Qualifikation des Personals in Krankenhäusern und insbesondere auf Intensivstationen (Neuraz et al. 2015) und der Mortalitätsrate gibt es wissenschaftliche Untersuchungen (Needleman et al. 2011). In einer Arbeit in der die Ursachen der Heterogenität der Behandlungsergebnisse nach einem Schlaganfall an Kliniken untersucht wurden, kommen die Autoren zu dem Ergebnis, dass diese Unterschiede im Wesentlichen durch die Strukturen (Personal, Organisationsstruktur, Prozesse) bedingt sind (Ali et al. 2018).

Unter dem Aspekt der Zweck-Mittel-Beziehung wird man leicht einsehen können, dass Struktur- und Prozessqualität letztendlich Mittel sind, die eingesetzt werden. Oder anders formuliert: Die Folgen, die sich aus der Struktur und den Prozessen innerhalb medizinischer Einrichtungen ergeben, werden wiederum das Ergebnis (Ziel: Gesundheit) mit beeinflussen.

Die Beschaffenheit von chirurgischen Instrumenten, die Einrichtung von Operationssälen und die Ausstattung mit medizinischen Geräten innerhalb von Einheiten an Kliniken sind nur einige Beispiele von Strukturqualität, mit denen sich Chirurgen schon immer, auch wissenschaftlich, beschäftigt haben. Die Aus- und Weiterbildung, die Etablierung und Durchführung von regelmäßigen Visiten, Fall-Besprechungen, Indikationsbesprechungen, Morbiditäts- und Mortalitätskonferenzen sind weitere Beispiele, die unter die Kategorie Prozessqualität fallen und ebenfalls ihren Ursprung der Initiative von Chirurgen zu verdanken haben.

3.2.4 Ergebnisqualität

Die Beschreibung, Konkretisierung, Quantifizierung und Bewertung von Struktur- und Prozessqualität im Medizinsystem wird in den meisten Fällen kaum Probleme bereiten. Das Vorhandensein oder die Anzahl von medizinischen Geräten, die Anzahl von Pflegekräften und Ärzten pro Patient und andere Merkmale, die zur Strukturqualität gehören, werden sich daher auch quantitativ darstellen lassen. Ähnliches gilt für Prozessmerkmale wie Häufigkeiten von Besprechungen, Visiten, Fortbildungen und viele andere. Hierbei korrelieren die Quantitäten (Anzahl von) häufig linear mit der daraus resultierenden Qualität im Sinne einer positiven Wertung.

Der initiale Fokus von öffentlichen Berichten und Pay-for-Performance-Konzepten lag zunächst auf der Messung der Struktur-, und Prozessqualität, da diese objektiv und daher einfacher zu messen waren (Lawson et al. 2015). Wesentlich komplexer ist die Situation bei der Ergebnisqualität. Die rein deskriptive Beschreibung ohne eine Wertung von Ergebnissen (Beschaffenheit) als Folge ärztlicher Handlungen wird auch in vielen Fällen gelingen. Völlig anderes ist die Situation bei der Beurteilung und der Quantifizierung. Dabei muss zunächst geklärt werden, was ein gutes Ergebnis ist. Im nächsten Schritt gilt es, Methoden zu entwickeln, die verlässlich in der Lage sind, die unterschiedlichen Ergebnisse im Medizinsystem zu bewerten. Bereits vor fünfzehn Jahren wurde im Beitrag „Was ist Ergebnisqualität?" (Siess 2002) auf die Problematik hingewiesen, dass es kein „einheitliches Verständnis von Ergebnisqualität in der Medizin gibt".

Die Bedeutung der Indikation für die Ergebnisqualität lässt ich am Beispiel der Appendektomie darstellen. Junginger und Küchle (1998) fassen das Spannungsfeld so zusammen: „Zu weit gestellt, führt sie zu einer höheren Rate nicht indizierter Appendektomien [negativer Appendektomie, Anmerkung Weigel] […], eine enge Indikationsstellung birgt die Gefahr einer erhöhten Rate von Perforationen". Die negative Appendektomierate ist ein Maß für die Anzahl der durchgeführten Appendektomien, die nach Kenntnis des intraoperativen Befundes und der histologischen Untersuchung des Wurmfortsatzes, also ex post, nicht notwendig waren. Oder ex post eine andere Erkrankung für die Symptome ursächlich war. Ursachen für eine „negative Appendektomie" sind „weitgefasste Indikationsstellungen" (Slotta et al. 2017). Diese Rate beträgt, je nach Literatur, bis zu 25 % (Zielke et al. 2001). Zu ähnlichen Ergebnissen kommen Junginger und Küchle (1998) bei einer prospektiven Untersuchung. Sie zeigten an 271 Appendektomien, die allesamt an der Mainzer Universitätsklinik durchgeführt wurden, dass die negative Appendektomierate zwischen 6,5 und 26 % lag. Diese Unterschiede waren abhängig davon, welcher Facharzt für Chirurgie die Indikation zur Operation stellte. Diese Ergebnisse sind bei einer Anzahl von 271 Appendektomien sicherlich begrenzt in ihrer Aussagekraft. Aber sie zeigen den Spielraum bei der Indikation und die personengebundenen Unterschiede der Güte der Indikation.

Nach einem Zeitraum von elf Jahren scheint es zu keiner wesentlichen Verringerung der negativen Appendektomierate gekommen zu sein. Diese lag im Jahre 2009 zwischen 10 und 15 % (Wente und Waleczek 2009), wobei diese Rate in aktuelleren Untersuchungen zwischen 6 und 20 % liegt (Ceresoli et al. 2016). Jedenfalls scheint es so zu sein, dass sich an der Größenordnung (6–25 %) der negativen Appendektomierate, trotz aller diagnostischen Fortschritte innerhalb der letzten (1998–2016) 18 Jahre, wenig geändert hat. Man könnte diese durch empirische Untersuchungen gewonnene quantifizierte Wahrscheinlichkeit (6–25 %) mit dem qualitativem Urteil „gar nicht so selten" zusammenfassen. Anderson (2013) und Kotaluoto et al. (2017) konnten zeigen, dass die „Negative Appendektomie" mit einer deutlichen erhöhten postoperativen Mortalität (Sterberate) assoziiert ist.

Die Quantifizierung der Qualität

4

Die Quantifizierung bedeutet zunächst eine „Übersetzungsleistung", bei der „Phänomene, Eigenschaften oder Beschaffenheiten (Qualitäten) eines Sachverhalts" in die universelle Sprache der Mathematik und damit in Zahlen überführt werden (Mau 2017, S. 27). In diesem Kapitel wird der Vorgang der Quantifizierung der Qualität rekonstruiert und dabei das Verfahren exemplarisch an zwei Krankheitsbildern aus der Viszeralchirurgie näher betrachtet. Die Qualitätsindikatoren sind das zentrale Hilfsmittel bei der Quantifizierung und bedürfen daher einer ausführlichen Erläuterung.

4.1 Quantität

Nach Aristoteles kann eine Quantität diskret oder kontinuierlich sein. Die Zahl ist nach seiner Auffassung diskret (Aristoteles 1995, S. 10). Dazu das Originalzitat:

> Die Quantität ist teils diskret, teils kontinuierlich und besteht aus Teilen, die eine Lage zueinander haben, teils aus Teilen, die keine Lage haben. Diskret ist z. B. die Zahl und die Rede, kontinuierlich z. B. die Linie, die Fläche, der Körper, außerdem noch die Zeit und der Ort.

▶ Merke: Die kontinuierlichen Größen (Länge, Flächen, Volumina, Zeiten usw.) werden gemessen und die diskreten Größen werden gezählt.

Dabei ist die Einheit (Meter, Sekunden etc.) keine Zahl, sondern ein Prinzip des Zählens und des Messens (Kolman 2010, S. 3080). Die Aussage „Die Strecke von x nach y hat eine Länge von fünf" würde wenig Sinn ergeben und hätte keinen nennenswerten Informationsgehalt. Es benötigt eine Maßeinheit (hier: Meter).

T. F. Weigel, *Qualität in der Medizin quantifizieren?*, essentials,
https://doi.org/10.1007/978-3-658-22656-5_4

Dadurch wird auch das Messverfahren eindeutig. Die Zahl, als Ergebnis eines Messverfahrens, gibt an wie viele Meter in dieser Strecke enthalten ist. Zur Quantität schreibt der Philosoph und Mathematiker Stekeler-Weithofer (2010, S. 2187):

> Eine Quantität (Qn.) G, von lat. quantitas, Mengenhaftigkeit, ist entweder einfach eine Menge G von Gegenständen, die eine Zahlangabe des Wieviel (poson) erlaubt, oder eine Größe in einem Größenbereich G, in der für die Elemente g aus G eine Größenordnung ›<‹ definiert ist.

An dieser Stelle ist es notwendig, zwischen Zählen und Messen zu unterscheiden. Zunächst ist es einleuchtend, dass die Ergebnisqualität – analog zu Äpfeln – nicht gezählt werden kann, da diese nicht diskret ist. Ob eine Kategorie und damit ein Verstandesbegriff, wie die Qualität kontinuierlich ist und damit gemessen werden kann, ist Gegenstand des vorliegenden Beitrags. Schon jetzt zeichnet sich aber ab, dass der Begriff der Messung im Zusammenhang mit der Qualität durchaus einer kritischen Betrachtung bedarf, aber dennoch im weiteren Verlauf dieses Textes verwendet wird. Die nächsten Abschnitte beschreiben den Messvorgang der Qualität.

4.2 Wie wird die Qualität im Medizinsystem quantifiziert?

Zahlen lassen sich problemlos miteinander vergleichen. Drei ist kleiner vier und größer zwei, zwei aber auch kleiner als vier. Damit haben die Zahlen eine lineare Ordnung. Diese Zusammenhänge der Größenverhältnisse gelten immer (schon früher und auch in Zukunft), überall und sind für jeden nachvollziehbar und damit auch objektiv wahr. „Die Zahl dient also der Inszenierung von Wissen, und es ist die suggerierte Objektivität und Faktizität. Die der Zahl ihrer Strahlkraft verleiht“ (Maio 2015). Stekeler-Weithofer (2010, S. 2191) schreibt zu den Quantitäten, dass diese „den Anschein des Exakten und Genauen vorgaukeln“.

Ein wie auch immer durchzuführendes Messverfahren zur Beurteilung der Güte (Qualität) im Medizinsystem, das Zahlen generiert, wird versuchen mithilfe dieser linearen Ordnung die Qualität abzubilden. Um mithilfe von Zahlen zu entscheiden, ob eine gute oder schlechte Ergebnisqualität vorliegt, ist wiederum eine Zahl als Grenzwert notwendig. Diese Zahl wird durch aufwendige statistische Berechnungen ermittelt. Dabei geht es häufig darum, eine Zahl in Relation zu der Gesamtheit zu ermitteln. Dazu bieten sich Mittel- und Medianwerte und die Berechnung der Streubreite um den Mittelwert (Standardabweichung) an. Diese Berechnungen lassen sich aufgrund der linearen Ordnung der reellen Zahlen durchführen.

Der Kern der Debatte um die Messbarkeit liegt in der Generierung der Zahlen. Die Logik der linearen Korrelation von unerwünschten Ereignissen und der Ergebnisqualität einer chirurgischen Abteilung ist die Logik, die der Kreation von Qualitätsindikatoren zugrunde liegt. Auf der anderen Seite ist es aber auch so, dass „jeder urteilskräftige Umgang mit Qn. [Quantitäten] selbst immer qualitativ sein muss" (Stekeler-Weithofer 2010, S. 2189).

Auf die Kritik an Pay-for-Performance-Konzepten oder an der Messbarkeit von Qualität gibt es häufig die uniforme Antwort, dass mehr Zahlen benötigt werden (Maio 2015; Schrappe 2014). Zahlen werden nur sehr selten linear mit dem Komparativ von „gut" korrelieren. Die einzige Ausnahme stellt das Geld dar. Hier gibt es in den allermeisten Fällen einen linearen Zusammenhang zwischen der Menge des Geldes (Quantität) (Wieland 1986, S. 120) und der Qualität. Viel Geld ist in den allermeisten Fällen besser – Komparativ von gut – als wenig Geld, vor allem wenn man es besitzt.

Die Zuordnung einer Zahl zu einem Objekt stellt noch keine Messung dar. Daher lautet eine Definition des Messens: „Measurement, in the broadest sense, is defined as the assignment of numerals to objects or events according to rule" (Bortz und Schuster 2010, S. 13). Es braucht also Regeln, um etwas messen zu können. Regeln stellen ein festgelegtes Messverfahren dar. Dazu schreibt Renate Wahnser (2010, S. 1572):

> Phänomenologisch wird Messung zumeist als Zuordnung von Zahlenwerten zu Objekten auf der Grundlage eines festgelegten Messverfahrens verstanden, wobei das zu messende mit der jeweiligen Maßeinheit verglichen und festgestellt wird, wie oft diese in jenem enthalten ist.

Die Denkweise der Phythagoräer, dass sich alles in Zahlen ausdrücken lässt (Kolman 2010, S. 3081), scheint heute wieder eine Renaissance zu erlangen. Nicht zuletzt auch durch die verlockenden Möglichkeiten, die sich durch moderne Rechenapparate ergeben. „Der Glaube an die Vermess- und Quantifizierbarkeit des Lebens beherrscht das digitale Zeitalter insgesamt" (Han 2014, S. 82). Die Generierung von Zahlen durch ein Messverfahren stellt a priori noch keine Wahrheit oder Objektivität dar. Ein Messverfahren muss zeigen, dass es die Realität abbilden kann. Daher gibt es Anforderungen an ein Messverfahren. Diese sind: Validität, Reliabilität, Spezifität und Sensitivität (Bortz und Schuster 2010, S. 8; Blumenstock 2011). Das bedeutet wiederum, dass – bevor ein Messverfahren eingeführt wird – diese genannten Kriterien bekannt sein sollten, um die Genauigkeit und damit die Übereinstimmung mit der Realität zu beurteilen. Weiterhin sollte ein Messverfahren auch in extremen Fällen die Realität abbilden. Die heutige

Längenmessung (Ur-Meter), ist inzwischen in der Lage, sowohl für sehr kurze als auch für sehr lange Strecken die Streckenverhältnisse, korrekt abzubilden. Die Güte eines Messverfahrens ist in besonderem Maße von Bedeutung, wenn damit Leistungen von Krankenhäusern bewertet und diese dann sogar finanziell sanktioniert werden.

4.2.1 Operationalisierung

Analog zur Messung der Temperatur gibt es keine Instrumente oder Verfahren, mit denen die Ergebnisqualität in der Medizin unmittelbar gemessen werden kann. (Blumenstock 2011) Ebenfalls gibt es keine einheitlichen Maßstäbe, analog zur Zeit- oder Längenmessung. Daher muss zur Messung der Ergebnisqualität in der Medizin eine Operationalisierung erfolgen. „Durch die Operationalisierung wird festgelegt, welche Operationen (Handlungen, Reaktionen, Zustände usw.) wir als indikativ für die messende Variable ansehen wollen und wie diese Operationen quantitativ erfasst werden“ (Bortz und Schuster 2010, S. 9). Die Variable, die gemessen werden soll, ist die Ergebnisqualität. Indikativ sind hierbei die sog. Qualitätsindikatoren. Analog zu der Wortkreation des „Qualitätsindikators“, wäre nach dieser Logik zur Messung der Moral ein „Moralindikator“ geeignet. An dieser Stelle muss noch einmal auf Kant (1966, S. 732) verwiesen werden: „Einen Begriff aber konstruieren, heißt: die ihm korrespondierende Anschauung a priori darzustellen.“ Die „korrespondierende Anschauung a priori“ war vermutlich der Zweck der Konstruktion des Begriffs „Qualitätsindikator“. Allerdings ist es auch so: „Aus Begriffen a priori (im diskursiven Erkenntnisse) kann aber niemals anschauende Gewissheit d. i. Evidenz, entspringen, so sehr auch sonst das Urteil apodiktisch gewiss sein mag“ (Kant 1966, S. 750). Oder anders formuliert: Ob ein unerwünschtes Ereignis, das als Qualitätsindikator bezeichnet wird, auch indikativ für die Qualität ist, muss auf andere Art und Weise gezeigt werden.

4.2.2 Messen mit Indikatoren

In dem Beitrag: „QUALIFY: Ein Instrument zur Bewertung von Qualitätsindikatoren“ schreiben Reiter et al. (2008): „Wie aber wird Qualität gemessen? Qualitätsindikatoren sind international als Goldstandard der Qualitätsdarstellung, -bewertung und -verbesserung anerkannt.“ Bei der „Messung“ der Ergebnisqualität dienen die Häufigkeiten von bestimmten Ereignissen, wie das Auftreten von

Wundinfektionen oder anderen Komplikationen, als Indikatoren. Dabei werden diese Ereignisse letztendlich gezählt, analog dem Zählen von Äpfeln als diskrete Größen. Häufigkeiten von Ereignissen sind nach Aristoteles keine kontinuierlichen Quantitäten und werden daher nicht gemessen, sondern gezählt. Mithilfe dieser Zahlen, die diese Häufigkeiten repräsentieren werden dann umfangreiche statistische Rechenoperationen durchgeführt, um Mittelwerte, Standardabweichung und weitere statistische Größen zu erhalten. Liegt die Anzahl von einem konkreten nicht gewünschten Ereignis nach einer bestimmten operativen Maßnahme einer chirurgischen Abteilung oberhalb eines statistischen Wertes (Mittelwert oder Medianwertes plus Referenzbereich), dann wird dies als „nicht gut" bewertet und die Ergebnisqualität ist demnach schlecht. Auf der Webseite des Instituts für Qualität und Transparenz im Gesundheitswesen (IQTIG) ist zu den Indikatoren zur Beurteilung der Ergebnisqualität nach Nierentransplantation Folgendes zu lesen (IQTIG 2017b):

> Der Qualitätsindikator Intra- oder postoperative Komplikationen ist geeignet, die Behandlungsqualität von Nierentransplantationszentren vergleichend zu beurteilen. Die Ursachen für operative Komplikationen sind zu einem großen Teil verfahrens-und erfahrungsbedingt.

Einige Zeilen später wird konstatiert, dass die Angaben in der Literatur zu den postoperativen Gesamtkomplikationsraten schwierig zu vergleichen sind. Dazu das Originalzitat (IQTIG 2017b):

> Die Angaben aus der Literatur zu den postoperativen urologischen Gesamtkomplikationsraten sind schwierig zu vergleichen da die Definitionen für postoperative Komplikationen in diesen Publikationen nicht einheitlich verwendet werden.

Als Lösung dieses Problems bietet das IQTIG folgende Definition für „eine schwerwiegende Komplikation" an (IQTIG 2017b): „Es ist zu beachten, dass bei diesem Indikator ausschließlich schwerwiegende Komplikationen (die eine Bluttransfusion oder Re-Operation erfordern) abgebildet werden".

Die qualitative Aussage „schwerwiegende Komplikation" verlangt nach der Beantwortung einiger Fragen:

1. Was ist eine Komplikation nach einer Nierentransplantation?
2. Was ist schwerwiegend?
3. Wann liegt ein solches Ereignis vor?

Die Antwort auf diese Fragen liefert das IQTIG: Eine schwerwiegende Komplikation liegt dann vor, wenn diese eine erneute Operation oder die Gabe von Blutkonserven erfordert. Eine Lungenembolie, ein Herzinfarkt oder ein Schlaganfall sind ebenfalls „schwerwiegende postoperative Komplikationen", die allerdings sämtlich in aller Regel keiner Operation oder der Gabe einer Blutkonserve bedürfen. An diesem Beispiel wird deutlich, wie eine qualitative Aussage „schwerwiegende Komplikation" in eine diskrete Quantität überführt und damit zählbar wird. Damit eine diskrete Quantität entsteht, muss es eine Grenze geben. Die Grenze entsteht durch „liegt vor" und „liegt nicht vor". Oder verkürzt: Ja = 1; Nein = 0.

Damit ist diese Definition der „schwerwiegenden Komplikation" durch zwei unterschiedliche Tasten auf der Rechnertastatur darstellbar und kann damit problemlos gezählt werden.

Die durch dieses Zählen von Ereignissen notwendige Abgrenzung steht im Gegensatz zu „natura non facit saltus" (Mittelstraß 2004, S. 967) Dieser seit der Antike bekannte Satz verdeutlicht, dass es in der Natur keine diskreten (abgrenzbaren) Zustände oder Beschaffenheiten gibt, sondern nur kontinuierliche.

4.2.3 Qualität der Indikatoren

Blumenstock (2011) schreibt zu den Indikatoren: „Zur Qualität von Qualitätsindikatoren" ist zu lesen: „Um Qualitätsindikatoren methodisch bewerten zu können, müssen für diese selbst Anforderungen an die Qualität formuliert werden." Dies führt dazu, dass Qualitätsindikatoren für die Qualität der Qualitätsindikatoren gefordert werden. Ein dafür, aus Sicht der Autoren, geeignetes Instrument mit dem Namen „QUALIFY" (Reiter et al. 2008) wurde bereits 2008 publiziert und von Blumenstock als „gegenwärtige beste verfügbare Praxis" zur Anwendung empfohlen.

Im Beitrag „QUALIFY: Ein Instrument zur Bewertung von Qualitätsindikatoren" ist im Ausblick zu lesen, dass die „wissenschaftliche Evaluation von QUALIFY noch aussteht" und dennoch „kann das Instrument aufgrund der damit gemachten Erfahrungen als Standard im Sinne von Best Practise gesehen werden" (Reiter et al. 2008). Bemerkenswert an dieser Stelle ist, dass das Instrument QUALIFY zu dem Zeitpunkt der Empfehlung nicht wissenschaftlich untersucht wurde und damit den Status einer Expertenmeinung besitzt. Begriffe wie „Standard" und „Best Practice" können diese fehlende Wissenschaftlichkeit nur sehr bedingt kompensieren.

Da das Instrument QUALIFY zur Bewertung von Qualitätsindikatoren wiederholt in der Literatur (Hardt et al. 2018) angeführt wird, ist eine nähere Betrachtung notwendig. Das folgende Zitat ist ebenfalls diesem Beitrag entnommen (Reiter et al. 2008):

> So kann beispielsweise für den Einsatz im internen Qualitätsmanagement für das Gütekriterium Risikoadjustierung ein niedrigeres Bewertungsergebnis akzeptiert werden, während für einen Einsatz in der öffentlichen Berichterstattung die Annahmeschwelle höher gelegt wird.

Hier scheint es möglich zu sein, dass je nach Verwendung der Qualitätsindikatoren unterschiedliche Gütekriterien akzeptiert werden können. Analog zu dieser Denkweise wäre es möglich, Fehler bei der Messung der Temperatur für den „internen" Gebrauch zuzulassen, sollte aber eine „öffentliche" Verwendung der Temperaturmessung vorliegen, müssten andere Gütekriterien gelten. Ein solches Zugeständnis an eine Methode, die vorgibt wissenschaftlich zu sein, bedarf keiner weiteren Erörterung.

Mansky und Nimptsch (2014), Mitarbeiter des Fachgebietes Strukturentwicklung und Qualitätsmanagement im Gesundheitswesen an der Technischen Universität Berlin, weisen darauf hin, dass nicht die Anzahl der Indikatoren entscheidend ist, sondern deren Aussagekraft und plädieren daher für die Verwendung von Routinedaten. Dabei verweisen die Autoren auf das QSR-Verfahren (Qualitätssicherung mit Routinedaten), das im Wesentlichen vom wissenschaftlichen Institut (WIDO, 85 Mitarbeiter) (WIDO 2017) eines Kostenträgers und in Kooperation mit einem privaten Klinikbetreiber entwickelt wurde (Hanisch et al. 2016).

4.2.4 Beispiele für Qualitätsindikatoren

A: Qualitätsindikator „Rate an postoperativen Wundinfektionen" Eine postoperative Wundinfektion ist ein unerwünschtes Ereignis nach einer operativen Maßnahme und damit eine Komplikation, die vermieden werden sollte. Solche Infektionen führen zu einer verlängerten Krankenhausverweildauer und stellen eine erhebliche Belastung für den Patienten dar (Seidel und Bunse 2017). Daher ist die Rate an postoperativen Wundinfektionen nach Appendektomie ein denkbarer Qualitätsindikator. Eine Wundinfektion kann in sehr unterschiedlicher Ausprägung vorliegen mit den daraus folgenden uneinheitlichen therapeutischen Konsequenzen. Zur Vergleichbarkeit der unterschiedlichen Ausprägungen oder qualitativen Merkmale ist eine Klassifikation notwendig. In der Literatur werden mehr als 40 (Pianka und Mihaljevic 2017) verschiedene Klassifizierungssysteme beschrieben. Die CDC-Definition (Centers for Disease Control) wird international am häufigsten angewendet (Pianka und Mihaljevic 2017).

Eine international weit verbreitete Klassifikation von postoperativen Komplikationen ist die nach „Dindo-Clavien“ (Dindo et al. 2004). Dabei werden fünf Schwergerade unterschieden, wobei es innerhalb der Gruppe II und III noch jeweils zwei Untergruppen gibt. Die Gruppe IIIa bedeutet Interventionen in lokaler Betäubung *(Intervention not under general anesthesia)* und die Zuordnung einer Komplikation zur Gruppe IIIb bedeutet, dass diese Intervention in einer Vollnarkose *(Intervention under general anesthesia)* durchgeführt wurde. Sicherlich wird es eine relative hohe Korrelation zwischen dem Umfang einer Komplikation und der Notwendigkeit der Therapie durch eine Narkose geben. Es ist aber vorstellbar, dass gerade bei Kindern schon geringere Komplikationen durch eine Intervention in Vollnarkose therapiert werden. Ebenso ist vorstellbar, dass bei Patienten mit vielen Nebenerkrankungen und dem damit verbundenen Narkoserisiko auf eine Vollnarkose verzichtet wird. Diese Beispiele zeigen, von welchen Faktoren jenseits der eigentlich zu klassifizierbaren Beschaffenheit (Qualität) ein solches Verfahren abhängig ist. In einer 2015 publizierten Arbeit belegen die Autoren, dass die Beschreibung der Häufigkeiten von Wundinfektionen *(surgical site infections)* auch von dem verwendeten Klassifikationsverfahren abhängig sind („It is necessary to be aware that a discrepancy can occur automatically due to the different natures of the definitions“ (Yamamoto et al. 2015)).

Problem: Abgrenzung

Das Auftreten einer postoperativen Wundinfektion ist von unterschiedlichen Faktoren abhängig. Die Faktoren oder Ursachen lassen sich im Wesentlichen in zwei Gruppen einteilen. Zum einen sind es die Faktoren, die durch den Patienten bestimmt werden (Gruppe A), und zum anderen Faktoren die durch die Therapie (Gruppe B) bestimmt werden. Zur Gruppe A gehören Faktoren wie Alter, Nebenerkrankungen, Medikamenteneinnahme, Gewicht, Lebensgewohnheiten und nicht zuletzt auch die Ausprägung der Appendicitis als solche zum Zeitpunkt der Operation. Zur Gruppe B gehören Faktoren wie präoperative Vorbereitung, Antibiotikaprophylaxe (Pianka und Mihaljevic 2017), Operationszeitpunkt, Operationsmethode (Slotta et al. 2017) und nicht zuletzt auch die Art und Weise der eigentlichen Durchführung. Die Rate an postoperativen Wundinfektionen ist auch von der Ausprägung der Appendictis abhängig. Eine fortgeschrittene entzündliche Veränderung der Appendix bedeutet eine hohe bakterielle Kontamination des Operationsgebietes und damit ein erhöhtes Risiko einer postoperativen Wundinfektion. Eine großzügige Indikation zur Appendektomie (hohe Rate an negativen Appedektomien) würde die Rate an postoperativen Wundinfektionen sehr wahrscheinlich reduzieren.

Diese zahlreichen Faktoren, die hier noch nicht sämtlich aufgeführt sind, und das Beispiel Wundinfektion zeigen die Komplexität dieses Qualitätsindikators. Hinzu kommt, dass es auch hier keine linear-kausale Ursache–Wirkungs-Zusammenhänge gibt. Es ist eben auch vorstellbar, dass der junge, gesunde Patient trotz optimaler Bedingungen und Therapie nach einer Appendektomie eine postoperative Wundinfektion erleidet.

Problem: Risikoadjustierung

B. Qualitätsindikator „Komplikationen nach onkologischen Operationen"
In einer Übersichtsarbeit aus dem Jahre 2006 findet sich folgende Zusammenfassung der chirurgischen Therapie des Rektumkarzinoms (Balch et al. 2006):

> In conclusion, surgery for rectal cancer continues to develop towards the ultimate goals of improving local control and overall survival, maintaining quality of life, and preserving sphincter, genitourinary, and sexual function.

Das langfristige Überleben *(overall survival)* ist das Ziel der Therapie des Rektumkarzinoms. Damit dies erreicht werden kann, kann es durchaus notwendig sein, andere Ziele *(sexual function)* dem unterzuordnen im Sinne einer Ziel-Zweck-Relation (siehe Abschn. 2.2.1).

Die Verletzung der Nervenbahnen kann „in Handlungsabläufen" (Zimmer und Regenbogen 2010) ein Mittel sein, das eingesetzt oder in Kauf genommen wird, um das Ziel (langfristiges Überleben) zu realisieren. Ähnliches gilt für das Risiko etwaiger Komplikationen nach der operativen Entfernung des Rektumkarzinoms. Zu diesen Risiken gehören die Einschränkung der Kontinenz oder der Blasenfunktion mit unmittelbaren Folgen für die Lebensqualität. Bei einem hochbetagten Patienten kann die Lebensqualität das Ziel der Operation sein, was dazu führt, dass andere operative Maßnahmen an Bedeutung gewinnen, die den Tumor belassen und damit das langfristige Überleben erheblich einschränken. Dann ist die Nicht-Realisierung des langfristigen Überlebens zum Zweck geworden.

Diese komplexen Zusammenhänge und die jeweilige Abwägung, welches Ziel verfolgt werden soll, sind Gegenstand des Denkvorgangs des handelnden Chirurgen, welcher am Ende zu einem Urteil führt. Das gilt sowohl für die Indikationsstellung als auch für die Durchführung der eigentlichen operativen Maßnahme. Das Spannungsverhältnis der notwendigen Urteile beschreibt das folgende Zitat: „Der Chirurg hat die Aufgabe, Radikalität und Funktionserhalt zu vereinbaren" (Bruch et al. 2003).

Problem: Zweck-Mittel-Relationen

4.2.5 Der normative Charakter von Qualitätsindikatoren

In Deutschland erarbeitet die Arbeitsgemeinschaft der Wissenschaftlichen Medizinischen Fachgesellschaften (AWMF) regelmäßig Leitlinien zu unterschiedlichen Erkrankungen. Diese Leitlinien werden von Expertenkommissionen unter Beachtung der wissenschaftlichen Literatur erstellt und stellen Handlungsregeln dar. Wobei es auch bei diesen Regeln des Urteils des Arztes bedarf, wann diese Regel im konkreten Fall zur Anwendung kommen sollte.

Da die Ergebnisqualität nicht ohne weiteres messbar ist, gibt es das Bestreben das Beachten von Leitlinien als Qualitätsindikator zu nutzen (Berenson und Kaye 2013). Die Denkweise die dabei hinterlegt ist, ist die Vorstellung, dass das regelmäßige und häufige Anwenden *(adherence to guidelines)* der Leitlinie zwangsläufig zu guter Qualität und damit zu guten Ergebnissen führt.

Die operative Therapie einer hüftgelenksnahen Femurfraktur ist ein typisches Beispiel für eine dringliche Operation. Diese sollte aus guten Gründen innerhalb von 24 h erfolgen. Dazu gibt es umfangreiche Literatur, die letztendlich eine Handlungsregel darstellt (Al-Ani et al. 2008). Nach den Vorgaben des Instituts für Qualität und Transparenz im Gesundheitswesen (IQTIG) ist die Zeitspanne vor der operativen Therapie der hüftgelenksnahen Femurfraktur ein Qualitätsindikator zur Beurteilung einer unfallchirurgischen Abteilung (DGN 2017). Wird dieser Qualitätsindikator in einem bestimmten Prozentsatz in Bezug zur Anzahl der Gesamtfälle nicht erfüllt, drohen finanzielle Sanktionen. Der intendierte Zweck dieses Indikators ist die Verbesserung der Ergebnisqualität. Zunächst ist aber der Zweck des Qualitätsindikators, dass dieser beachtet und damit auch in vielen (sämtlichen) Fällen realisiert wird. Ob die zeitnahe Operation *immer* dem Ziel Gesundheit dient, ist noch nicht ausgemacht und Gegenstand einiger aktueller Stellungnahmen unterschiedlicher medizinischer Fachgesellschaften (DGN 2017).

Ob eine Operation innerhalb von 24 h durchgeführt werden kann, ist auch von den strukturellen Gegebenheiten (OP-Saal-Kapazität, Personal), vor allem außerhalb der Regelarbeitszeit abhängig. Eine Klinik mit einem hohen Aufkommen an Operationen von unterschiedlichen Disziplinen (Maximalversorger) wird eher an die Grenzen solcher strukturellen Gegebenheiten stoßen. Da zu einem konkreten Zeitpunkt in einem Operationssaal nur eine Operation durchgeführt werden kann (Opportunitätskosten), ist vor allem bei einer Häufung von Notfalloperationen eine Priorisierung nach medizinischen Kriterien notwendig. Die finanziell sanktionierte Handlungsregel (Operation innerhalb von 24 h) hat demnach das Potenzial zum ethischen Konflikt bei der Priorisierung der OP-Saal-Kapazitäten bei dringlichen oder Notfalloperationen.

Durch die zu erwartenden finanziellen Sanktionen verändert sich der normative Charakter der Handlungsregel „Operation innerhalb von 24 Stunden". Dies wiederum kann dazu führen, dass diese Handlungsregel zu oft zur Anwendung kommt. Oder wie in einer Stellungnahme der Deutschen Gesellschaft für Neurologie dazu pointiert zu lesen ist: „Rasch operieren um jeden Preis" (DGN 2017).

5 Erfahrungen mit dem Pay-for-Performance-Konzept

Der international verwendete Begriff für die qualitätsorientierte Vergütung der Ergebnisqualität im Medizinsystem ist „Pay for Performance" oder „P4P". Bereits in der Mitte der 1990er Jahre wurde dieses Verfahren in den USA im Rahmen sog. „Managed-Care-Programme" etabliert. Aufgrund der Heterogenität des amerikanischen Medizinsystems gibt es eine große Zahl an Variationen dieses Konzeptes. Diese Variationen betreffen die eingebundenen Leistungserbringer und die inhaltliche vertragliche Ausgestaltung. In 2010 wurde in den USA das „Hospital Value-Based Purchasing Programm (HVBP)" gestartet (Doran et al. 2017). Aus Großbritannien gibt es ebenfalls seit einigen Jahren Erfahrung mit dem Pay-for-Performance-Konzept. Dort startete im Jahre 2004 das „Quality and Outcomes Framework" (QOF)-Projekt. Bei dem Pay-for-Performance-Konzept ist zwischen ambulanten und stationären Bereich zu unterscheiden. Die Konzepte aus den USA und Großbritannien können nicht ohne weiteres miteinander verglichen werden, da sich diese in der Ausgestaltung und bei den beteiligten Akteuren zum Teil sehr deutlich voneinander unterscheiden. In der Literatur finden sich Hinweise und Darstellungen der positiven Effekte der Pay-for-Performance-Programme (Sutton et al. 2012) und ebenso gibt es Literatur die zeigt, dass positive Effekte, wie die Senkung der Sterblichkeitsrate („Evidence that HVBP has led to a lower mortality rate is lacking.") nicht nachzuweisen sind (Figueroa et al. 2016).

Die Ergebnisse von systematischen Übersichtarbeiten (Mendelson et al. 2017; Eijkennaar et al. 2013) zeigen jedoch häufig, dass die Effekte der Pay-for-Performance-Konzepte doch eher ernüchternd sind. In der Arbeit von Mendelson et al. (2017) wurden 69 Studien ausgewertet, dabei kommen die Autoren zu folgendem Ergebnis: „but consistently positive associations with improved outcomes have been not demonstrated in any setting." Andere Übersichtarbeiten (de Bruin et al. 2011) zeigen die positiven Effekte für die Ergebnisqualität *(healthcare quality)*

T. F. Weigel, *Qualität in der Medizin quantifizieren?*, essentials,
https://doi.org/10.1007/978-3-658-22656-5_5

kommen aber zu dem Ergebnis, dass die positiven Effekte für die Kosten nicht nachgewiesen werden konnten: „No studies were found that evaluated the effects of P4P on healthcare costs“. Bonfrer et al. (2018) zeigen, dass die Ergebnisse (Sterberate) von Kliniken die bereits seit über zehn Jahren an Pay-for-Performance-Programmen teilgenommen hatten, nicht besser waren, als die von Kliniken, die weniger als drei Jahren daran teilgenommen hatten. Damit wäre das Argument, dass „mehr Zeit für die positiven Effekte benötigt wird“, im Grunde genommen wiederlegt.

5.1 Risiko der Fehlbeurteilung

Prinzipiell gibt es zwei Möglichkeiten der Fehlbeurteilung. Die Ergebnisse der erbrachten Leistung werden als schlecht bewertet, obwohl dies bei genauem Hinsehen nicht der Fall ist. In einer Studie, die im amerikanischen Ärzteblatt (Rajaram et al. 2015) veröffentlicht wurde, konnten solche paradoxen Ergebnisse *(paradoxical findings)* bei der Analyse der Daten von 3200 amerikanischen Kliniken gezeigt werden. Wesentlich problematischer auch unter dem Aspekt des Nichtschadens *(nonmaleficence)* ist es, wenn die Ergebnisse einer Klinik mit „gut“ bewertet werden und es sich bei der genauen Analyse aber zeigt, dass das Gegenteil der Fall ist. Eine Ursache für eine Fehlbeurteilung ist die Dynamik von strukturellen Gegebenheiten innerhalb von Kliniken. Die Personalsituation (Anzahl und Qualifikation), Hygieneprobleme und Gebäudestrukturen sind Beispiele für Strukturen, die sich kurzfristig ändern können und sich daher unmittelbar und mittelbar auf die Ergebnisqualität auswirken können. Die Institutionen, die die Bewertungen von Kliniken durchführen, sind in aller Regel nicht in der Lage, sofort auf diese Dynamik zu reagieren. Eine weitere Ursache für eine Fehlbeurteilung liegt in den Datenquellen.

5.2 Datenquellen

Das Konzept der qualitätsorientierten Vergütung benötigt Daten, damit die Qualität oder Güte der erbrachten Leistungen bewertet werden kann. Daher ist die Güte der generierten Daten von großer Bedeutung. In einer Arbeit, die 2016 in Annuals of Surgery (Shahian et al. 2016) publiziert wurde, ist zu lesen, dass unterschiedliche Organisationen *(rating organisations)* für dasselbe Krankenhaus und den gleichen Zeitraum unterschiedliche Bewertungen *(produced completely divergent ratings)* produzieren. Die Autoren kritisieren den häufig verwendeten Satz „any data are better than no data". Denn schlechte oder falsche Daten, so die Autoren, können durchaus zu falschen oder nicht intendierten Konsequenzen führen, die es durch nicht vorhandene Daten nicht gegeben hätte. Über den Zusammenhang von Daten oder Informationen und Wahrheit schreibt der Philosoph Byung-Chul Han: „Mehr Informationen oder die Kumulation von Informationen allein stellt noch keine Wahrheit her. Ihr fehlt die Richtung, nämlich der Sinn" (Han 2012, S. 17).

Bei der Bewertung von Kliniken oder chirurgischen Abteilungen werden unterschiedliche Datenquellen genutzt (Simorov et al. 2014). Dies sind zum einen Routinedaten und zum anderen Daten aus klinischen Registern. Die Nutzung beider Quellen, zur Bewertung von chirurgischen Abteilungen oder auch von Kliniken, ist Gegenstand der gegenwärtigen Diskussion. (Lawson et al. 2015, 2016) vergleichen die Ergebnisse von Routinedaten *(medicare claims)* und Registerdaten *(clinical registry)* von 110.987 Patienten in 192 Kliniken. Dabei wurden die Daten über postoperative Komplikationen analysiert. Die Autoren zeigen, dass die Ergebnisse, je nach Datenquelle, erhebliche Unterschiede aufweisen *(differed substantially)*.

5.2.1 Routinedaten oder administrative Daten

Routinedaten oder administrative Daten werden bei der Vergütung der erbrachten Leistungen von Kliniken oder anderen Leistungserbringern generiert. Diagnosen, chirurgische und andere Maßnahmen (Prozeduren) wie auch postoperative Komplikationen werden zum Zweck der Vergütung von den Leistungserbringern in Ziffern übersetzt. Diese Daten gelangen dann zu den Kostenträgern (Krankenversicherungen). Weitere Angaben über Patienten wie Alter, Geschlecht, Verweildauer im Krankenhaus, Wiederaufnahme in ein Krankenhaus finden sich in den Datensätzen der Kostenträger.

Zur Rechtfertigung der Verwendung dieser Daten werden im Wesentlichen der geringe Erhebungsaufwand, die analyse von Behandlungsverläufen über die Krankenhausentlassung hinaus, die Vollständigkeit der Daten und die Manipulationssicherheit als Argumente genannt (heller 2008; Mansky und Nimptsch 2014). Der Zweck dieser Routinedaten ist die optimale Vergütung der erbrachten Leistungen. In Deutschland werden seit 2004 die in Kliniken erbrachten Leistungen mithilfe des sogenannten DRG-Systems (Diagnosis-Releated-Groups) vergütet. Dabei werden Diagnosen, Komplikationen, Nebenerkrankungen (ICD) und Prozeduren (ICPM) in Ziffern übersetzt. Diese Ziffern generieren eine konkrete Fallpauschale (DRG). Welche Fallpauschale zur Anwendung kommt und damit erlösrelevant ist, richtet sich nach den generierten Ziffern. Diese Ziffernfolgen sind, auch wenn die Möglichkeiten der Differenzierung noch so umfangreich sind, letztendlich diskontinuierlich. Dies wiederum bedeutet, dass derjenige, der die Übersetzung in Ziffern (Codierung) durchführt, eine Entscheidung im konkreten Fall für oder gegen die Ziffernfolge A oder B treffen muss. Da die Natur kontinuierlich ist *(natura non facit saltus)* gibt es hier einen Ermessensspielraum. Dieser kann genutzt werden, um eine optimale Vergütung zu erlangen.

Das dürfte einer der Gründe sein, dass Routinedaten zur Qualitätssicherung nicht valide sind, wie in einer systematischen Literaturanalyse gezeigt werden konnte (Hanisch et al. 2016).

Auch aus Gründen grundsätzlicher Voraussetzungen wissenschaftlicher Untersuchungen ist die Verwendung von Routinedaten zur Qualitätssicherung zu diskutieren. In der Planungsphase einer wissenschaftlichen empirischen Untersuchung müssen die Fragestellung (Hypothese) und die zu untersuchenden Variablen im Vorfeld festgelegt werden (Bortz und Schuster 2010, S. 7). Dabei ist die Güte oder Qualität der Rohdaten von entscheidender Bedeutung und davon abhängig, zu welchem Zweck sie geniert werden. Die Sicherung der Qualität durch Routinedaten ist letztendlich ein Abfallprodukt dieser Daten.

Die Problematik einer scharfen Trennung, die durch Ziffern vorgegeben wird und die es in der Natur nicht gibt, wird bei der Erörterung über Verwendung von Routinedaten wenig bis gar nicht beachtet.

5.2.2 Registerdaten

Register zur Datensammlung werden häufig von medizinischen Fachgesellschaften zur Verfügung gestellt, um durch diese wissenschaftliche Erkenntnisse zu erlangen. Damit unterscheiden sie sich von den Routinedaten, die primär einen anderen Zweck erfüllen. Ihre Inhalte, mit denen jeweils umfangreiche statistische Berechnungen durchgeführt werden, sind folglich sehr unterschiedlich. Die Inhalte der Registerdaten ergeben sich durch die Fragen, die in aller Regel über rechnergestützte Online-Plattformen erhoben werden. Die Fragen werden von Ärzten oder speziell dafür geschultem Personal beantwortet. Auch hier ist es so, dass auf Grund der vorgegebenen Online Plattformen letztendlich qualitative Merkmale in Zahlen übersetzt werden müssen und es so bei der Rohdatenerhebung zu Vereinfachungen kommt. So kann es sein, dass die Frage nach einer Wundinfektion mit „Ja“ oder „Nein“ beantwortet werden muss, ohne dabei auf nähere Spezifikationen einzugehen. Auch bei der möglichen weiteren Spezifikation dieser Wundinfektion kann dies nur durch entsprechende Klassifikationen erfolgen, denen Zahlen zugeordnet werden und damit diskontinuierlich sind.

Es gibt durchaus Bestrebungen, die Daten und Ergebnisse von Register- und Routinedaten miteinander abzugleichen (Lawson et al. 2016). Ob ein solcher Abgleich oder das Vermischen von Rohdaten strengen wissenschaftlichen Kriterien genügt, sollte an anderer Stelle weiter diskutiert werden.

Das Qualitätsparadigma 6

Das „Qualitätsparadigma" vereint sämtliche Akteure im Medizinsystem. Der Leistungserbringer, der laut Kritik an diesem Unternehmen formuliert, macht sich verdächtig gegen Qualität und damit aus Sicht anderer Akteure nicht in der Lage zu sein, diese zu erbringen. Kostenträger, Leistungserbringer, politisch Verantwortliche und nicht zuletzt auch der Bürger, der wiederum jederzeit auch Betroffener sein kann, vereint der Wunsch nach einer guten Qualität der medizinischen Versorgung. Zum Qualitätsparadigma gesellen sich heutzutage noch Effizienz und Transparenz hinzu, sodass ein wohlfeiler Dreiklang aus Qualität, Effizienz und Transparenz entsteht, der wiederum gegenüber Kritik doch weitgehend resistent ist. Oder wies es Arne Manzeschke (2011) formuliert: „Der Markt soll die Dinge besser machen: effizienter, transparenter, qualitätsvoller." Dieser Dreiklang, der auch vermehrt im Medizinsystem zu finden ist, induziert die Notwendigkeit der Quantifizierung. Denn die Effizienzlogik erfordert einen Vergleich, der am einfachsten mithilfe von Zahlen gelingt.

Die Notwendigkeit der Quantifizierung der Qualität im Medizinsystem ergibt sich durch das Konzept der qualitätsorientierten Vergütung. Dem Konzept liegt die Annahme zugrunde, dass durch finanzielle Sanktionen die Ergebnisqualität der an Krankenhäusern erbrachten Leistungen verbessert werden kann. Ein Vergleich und damit die Bewertung der Ergebnisqualität gelingt am einfachsten mit Zahlen, die eine Genauigkeit, Wahrheit und damit Objektivität suggerieren. Die gedanklichen Wurzeln liegen in der Effizienzsteigerung von Herstellungsprozessen.

Bei der Konstruktion der Qualitätsindikatoren entscheiden Experten (qualitatives Urteil) darüber, welche Merkmale einer Behandlung indikativ für das qualitative Urteil „gutes Ergebnis" sind. Das Auftreten der qualitativen Wertung „Wundinfektion" oder „schwerwiegende Komplikation" nach operativen Maßnahmen sind jeweils kein gutes Ergebnis. Daher sollte ein gehäuftes Auftreten dieser

T. F. Weigel, *Qualität in der Medizin quantifizieren?*, essentials,
https://doi.org/10.1007/978-3-658-22656-5_6

Ereignisse vermieden werden. Dies bedarf der Zählung dieser Ereignisse. Damit diese Ereignisse, die die Folge eines qualitativen Urteils (Beschaffenheit einer Wunde, Beschaffenheit einer Komplikation) sind, zählbar werden, müssen diese abgegrenzt (diskret) werden. Daraus ergibt sich die Notwendigkeit der eindeutigen Kriterien zur Abgrenzung. Auch in der anderen Richtung ergibt sich diese. Eine Zahl als diskrete Quantität, repräsentiert ein gutes Ergebnis (Qualität). Damit muss auch ein schlechtes Ergebnis, das als Zahl formuliert wird, von einer anderen Zahl eindeutig abzugrenzen sein. Diese „diffusen Quantifizierungen" an unterschiedlichen Stellen führen zu einer Nivellierung der „qualitativen Bestandteile" und sind daher der Grund dafür, dass institutionelles Handeln, das sich an diese Wertungen orientiert „regelmäßig in die Irre führen kann" (Stekeler-Weithofer 2010, S. 2189).

Ob durch weitere Anstrengungen bei der Quantifizierung der Qualität in der Medizin, und der damit verbundene Ressourcenverbrauch, geeignet sind, die Qualität – was auch immer damit im Einzelfall gemeint ist – dauerhaft zu verbessern, sollte intensivier kritisch diskutiert werden. Nicht zuletzt auch unter dem Aspekt der Effizienz. Vielmehr bedarf es der Beantwortung, der bereits von Lisa Rosenbaum (2015) im New England Journal of Medicine formulierten Kernfrage: „The key question, then, is less about transparency with regard to quality than it is about what constitutes quality in the first place".

Was Sie aus diesem *essential* mitnehmen können

- Die Medizin als praktische – oder Handlungswissenschaft stellt dem Arzt Regeln zur Verfügung. Die Anwendung der Regel für den konkreten Fall ist Gegenstand der Indikation und Bedarf der durch Erfahrung geschärften Urteilskraft.
- Die Indikation für eine diagnostische oder therapeutische Maßnahme bestimmt ganz wesentlich den Verlauf einer Erkrankung und damit auch die Ergebnisqualität der an Kliniken erbrachten Leistungen.
- Die qualitätsorientierte Vergütung der Ergebnisse von Leistungen, die an Kliniken erbracht werden, erfordert die Quantifizierung der Qualität zur Durchführung statistischer Berechnungen.
- Die mithilfe von Qualitätsindikatoren generierten Zahlen repräsentieren Häufigkeiten von Ereignissen und Zuständen, die als diskrete Quantität gezählt und daher nicht bemessen werden. Der Begriff der Messung („Qualitätsmessung"), der eine Präzision und Genauigkeit impliziert, sollte hier nicht verwendet werden.
- Die erhofften Folgen der qualitätsorientierten Vergütung konnten bisher in internationalen Studien nicht eindeutig belegt werden.

T. F. Weigel, *Qualität in der Medizin quantifizieren?*, essentials,
https://doi.org/10.1007/978-3-658-22656-5

Literatur

Al-Ani, A. N., Samuelsson, B., Tidermark, J., Norling, A., Ekström, W., Cederholm, T., et al. (2008). Early operations on patients with hip fracture improved the ability to return to independent living. *The Journal of Bone and Joint Surgery, 90,* 1436–1442.

Ali, M., Salehnejad, R., & Mansur, M. (2018). Hospital heterogeneity: What drives the quality of health care. *The European Journal of Health Economics, 19,* 385–408.

Andersson, R. E. (2013). Short and long-term mortality after appendectomy in Sweden 1987 to 2006. Influence of appendectomy diagnosis, sex, age, co-morbidity, surgical method, hospital volume, and time period. A national population-based cohort study. *World Jornal of Surgery, 37,* 974–981.

AQUA. (2017). aQua- Institut. https://www.aqua-institut.de/index.php?47#aqua_institut. Zugegriffen: 5. Juni 2017.

Aquin, T. von. (2008). *De ente et essentia/Das Seiende und das Wesen, Lateinisch/Deutsch; Übersetzt, kommentiert und herausgegeben von Franz Leo Beeretz.* Stuttgart: Reclam.

Aristoteles. (1969). *Nikomachische Ethik; übersetzt und kommentiert von Franz Dirlmeier, Anmerkungen: Ernst A. Schmidt.* Reclam: Stuttgart.

Aristoteles. (1995). *Philospohische Schriften Bd. 1, Organon 1; Übersetzt von Eugen Rolfes.* Hamburg: Meiner.

Balch, G. C., De Meo, A., & Guillem, J. G. (2006). Modern management of rectal cancer: A 2006 update. *World Journal of Gastroenterology, 12,* 3186–3195.

Beauchamp, T. L., & Childress, J. F. (2013). *Principles of biomedical ethics* (7. Aufl.). New York: Oxford University Press.

Berenson, R. A., & Kaye, D. R. (2013). Grading a phsician's value- the misapplication of performance measuremnet. *The New England Journal of Medicine, 369,* 2079–2081.

Blumenstock, G. (2011). Zur Qualität von Qualitätsindikatoren. *Bundesgesundheitsblatt-Gesundheitsforschung-Gesundheitsschutz, 54,* 154–159.

Bonfrer, I., Figueroa, J. F., Zheng, J., Orav, E. J., & Jha, A. K. (2018). Impact of financial incentives on early an late adopters among US hospitals: Observational study. *BMJ, 360,* j5622.

Bortz, J., & Schuster, C. (2010). *Statistik für Human- und Sozialwissenschaftler* (7. Aufl.). Heidelberg: Springer.

T. F. Weigel, *Qualität in der Medizin quantifizieren?*, essentials,
https://doi.org/10.1007/978-3-658-22656-5

Bröckling, U. (2000). Totale Mobilmachung – Menschenführung im Qualitäts- und Selbstmanagement. In U. Bröckling, S. Krasmann, & T. Lemke (Hrsg.), *Gouvernementalität der Gegenwart* (S. 131–167). Frankfurt a. M.: Suhrkamp.

Bruch, H.-P., Schwandner, O., Keller, R., Farke, S., & Schiedeck, T. H. (2003). Chirurgische Therapie des Rektumkarzinoms. *Der Chirurg, 74,* 905–914.

Bruin, S. R. de, Baan, C. A., & Strujs, J. N. (2011). Pay-for-performance in disease management: A systematic review of the literature. *BMC Health Services Research, 11,* 272.

Brunner, F. J. (2008). *Japanische Erfolgskonzepte.* Wien: Hanser.

Bullinger, H.-J., Warnecke, H. J., & Westkämpfer, E. (2003). *Neue Organisationsformen im Unternehmen* (2. Aufl.). Heidelberg: Springer.

Bundesgesetzblatt. (2015). *Krankenhaustrukturgesetz, Teil 1, Nr 51, Seite 2253, 5d.* Berlin.

Ceresoli, M., Zucchi, A., Allievi, N., Harbi, A., Pisano, M., Montori, G., et al. (2016). Acute appendicitis: Epidemiology, treatment and outcomes- analysis of 16544 consecutive cases. *World Journal of Gastrointestinal Surgery, 27; 8*(10), 693–699.

Deutscher Ethikrat. (2016). *Patientenwohl als ethischer Maßstab für das Krankenhaus.* Berlin: Deutscher Ethikrat.

DGN, D. (2017). Stellungnahmen von Fachgesellschaften, Deutsche Gesellschaft für Neuroloigie, Deutsche Gesellscaft für Orthopädie und Unfallchirurgie. http://www.awmf.org/die-awmf/awmf-stellungnahmen.html. Zugegriffen: 30. Juli 2017.

Dindo, D., Demartines, N., & Clavien, P.-A. (2004). Classification of surgical complications. A new proposal with evaluation in a cohort of 6336 patients and results of a survey. *Annals of Surgery, 240,* 205–213.

Donabedian, A. (1966). Evaluating the quality of medical care. *The Milbank Memorial Fund Quarterly (Suppl), 44,* 166–206.

Doran, T., Maurer, K. A., & Ryan, A. M. (2017). Impact of provider incentives on quality an value of health care. *Annual Review of Public Health, 38,* 449–465.

Eberlein-Gonska, M. (2011). Was ist an Qualitätsmanagement evidenzbasiert? *Bundesgesundheitsbl, 54,* 148–153.

Eijkennaar, F., Emmert, M., Scheppach, M., & Schöffski, O. (2013). Effects of pay for performance in health care: A systematic review of systematic reviews. *Health Policy, 110,* 115–130.

Figueroa, J. F., Tsugawa, Y., Zheng, J., Orav, E. J., & Jha, A. K. (2016). Association between the value-based purchasing pay for performance programm and patient mortality in US hospitals: Observational study. *BMJ, 353,* i2214.

Frede, D. (2010). Poiesis/techne. In H. J. Sandkühler (Hrsg.), *Enzyklopädie Philosophie* (S. 2069–2071). Hamburg: Meiner.

Gethmann, C. F., Gerock, W., Heimchen, H., Henke, K.-D., Mittelstraß, J., Schmidt-Aßmann, E., et al. (2004). *Gesundheit nach Maß? Eine transdisziplinäre Studie zu den Grundlagen eines dauerhaften Gesundheitssystems.* Berlin: Akademie.

Han, B.-C. (2012). *Transparenzgesellschaft.* Berlin: Matthes & Seitz.

Han, B.-C. (2014). *Psychopolitik- Neoliberalismus und die neuen Machttechniken.* Frankfurt a. M.: Fischer.

Hanisch, E., Weigel, T. F., Buia, A., & Bruch, H.-P. (2016). Die Validität von Routinedaten zur Qualitätssicherung. Eine qualitative systematische Übersichtsarbeit. *Der Chirurg, 87,* 56–61.

Hardt, J., Buhr, H.-J., Klinger, C., Benz, S., Ludwig, K., Kalff, J., & Post, S. (2018). Qualitätsindikatoren für die onkologische Kolonchirurgie. *Der Chirurg, 89,* 17–25.

Heller, G. (2008). Zur Messung und Darstellung von medizinischer Ergebnisqualität mit administrativen Routinedaten in Deutschland. *Bundesgesundheitsbl, 51,* 1173–1182.

Hoenen, M. J. (2010). Kategorie. In H. J. Sandkühler (Hrsg.), *Enzyklopädie Philospohie* (S. 1215–1218). Hamburg: Meiner.

Howaldt, J., Knopp, R., & Winther, M. (1998). *KontinuierlicherVerbesserungsprozess: KVP als Motor lernender Organisationen.* Bachem: Wirtschaftsverlag.

Imai, M. (1992). *Kaizen. Der Schlüssel zum Erfolg der Japaner im Wettbewerb.* München: Wirtschaftsverlag Langen Müller/Herbig.

IQTIG. (2017a). Das IQTIG Übersicht. https://iqtig.org/das-iqtig/. Zugegriffen: 7. Okt. 2017.

IQTIG. (2017b). Nierentransplantation, Indikatoren 2016. https://www.iqtig.org/downloads/ergebnisse/qidb/2016/2017-04-26/QIDB_2016_DIREKT_PDF/QIDB_2016_direkte_Verfahren/QIDB_mit_Rechenregeln/QSKH_NTX_2016_QIDB_V01_2017-04-06.pdf. Zugegriffen: 16. Juli 2017.

Junginger, T., & Küchle, R. (1998). Der Einfluß des Operateurs auf die Behandlungsqualität bei akuter Appendicitis. *Der Chirurg, 69,* 432–437.

Kant, I. (1966). *Kritik der reinen Vernunft* (Hrsg. I. Heidemann). Stuttgart: Reclam.

Khan, C., & Ollenschläger, G. (2014). Wirksamkeit von Qualitätsprogrammen in der stationären Versorgung in Deutschland- eine Literaturanalyse. *Zeitschrift für Evidenz, Fortbildung und Qualität im Gesundheitswesen (ZEFQ), 108*(10), 576–586.

Kolman, V. (2010). Zahl. In H. J. Sandkühler (Hrsg.), *Enzyklopädie Philospohie* (S. 3080–3085). Hamburg: Meiner.

Kotaluoto, S., Ukkonen, M., Pauniaho, S.-L., Helminen, M., Sand, J., & Rantanen, T. (2017). Mortality releated to appendectomy; a population based analyssis over two decades in Finnland. *World Journal of Surgery, 41,* 64–69.

Lawson, E. H., Zingmond, D. S., Hall, B. L., Louie, R., Brook, R. H., & Ko, C. Y. (2015). Caomparison between clinical registry and medicare claims data on the classification of hospital quality of surgical care. *Annals of surgery, 261,* 290–296.

Lawson, E. H., Louie, R., Zingmond, D. S., Sacks, G. D., Brook, R. H., Hall, R. H., et al. (2016). Using both clinical registry and administrative claims data to measure risk-adjusted surgical outcomes. *Annal of Surgery, 263,* 50–57.

Lipp, V. (2015). Die medizinische Indikation aus medizinrechtlicher Sicht. In A. Dörries & V. Lipp (Hrsg.), *Medizinische Indikation* (S. 36–46). Stuttgart: Kohlhammer.

Mai, C. (2003). Qualitätsmanagement. In H.-J. Bullinger, H. J. Warnecke, & E. Westkämpfer (Hrsg.), *Neue Organisationsformen im Unternehmen* (2. Aufl., S. 925–945). Heidelberg: Springer.

Mainzer, K. (2008). *Komplexität.* München: Fink.

Maio, G. (2015). „Ich tue das Richtige nur gegen Belohnung“ Eine Kritik an Pay-for-Performance in der Psychiatrie. *Nervenarzt, 86,* 1349–1357.

Maio, G. (2017). Warum die Medizin zu medizinischem Denken zurückfinden muss. *Gesundheitswesen, 79,* 124–132.

Mansky, T., & Nimptsch, U. (2014). Medizinische Qualitätsmessung im Krankenhaus – Worauf kommt es an? *Zeitschrift für Evidenz, Fortbildung und Qualität im Gesundheitswesen, 108,* 487–494.

Manzeschke, A. (2011). Die effiziente Organisation. Beobachtungen zur Sinn- und Seinskrise des Krankenhauses. *Ethik in der Medizin, 23,* 271–282.

Mau, S. (2017). *Das metrische Wir. Über die Quantifizierung des Sozialen.* Berlin: Suhrkamp.

Mendelson, A., Kondo, K., Damberg, C., Low, A., Motuapuaka, M., Freeman, M., et al. (2017). The efects of pay-for-performance porgramms on health, health care use, and process of care: A systematic review. *Annals of Internal Medicine, 166,* 341–353.

Mittelstraß, J. (2004). Natura non facit saltus. In J. Mittelstraß (Hrsg.), *Enzyklopädie und Wissenschaftstheorie* (S. 967). Stuttgart: Metzler.

Needleman, J., Buerhaus, P., Pankratz, V. S., Leibson, C. L., Stevens, S. R., & Harris, M. (2011). Nurse staffing and inpatient hospital mortality. *The New England Journal of Medicine, 364,* 1037–1045.

Neuraz, A., Guerin, C., Payet, C., Polazzi, S., Aubrun, F., Dailler, F., et al. (2015). Patient mortality is associated with staff resources and workload in the ICU: A multicenter observational study. *Critical Care Medicine, 43,* 1587–1594.

Nigsch, O. (1997). Management – Ein Weg zur gesellschaftlichen Generalsanierung? *Soziale Welt, 48,* 417–430.

Paul, N. W. (2012). Gesundheit und Krankheit in der Medizin der Moderne. In S. Schultz, K. Steigleder, H. Fangerau, & N. W. Paul (Hrsg.), *Geschichte, Theorie und Ethik der Medizin* (S. 133–142). Frankfurt a. M.: Suhrkamp.

Pianka, F., & Mihaljevic, A. L. (2017). Vermeidung postoperativer Infektionen. *Der Chirurg, 88,* 401–407.

Prütz, F. (2012). Was ist Qualität im Gesundheitswesen? *Ethik in der Medizin, 24,* 105–115.

Qualitätskliniken. (18. 5. 2017). Kongress, Stiftung Intiative Qualitätsklniken. https://www.siq-kongress.de/. Zugegriffen: 5. Juni 2017.

Qualitätsmedizin. (2017). Initiative Qualitätsmedizin e. V. https://www.initiative-qualitaetsmedizin.de/wir-uber-uns/. Zugegriffen: 5. Juni 2017.

Rajaram, R., Chung, J. W., Kinnier, C. V., Barnard, C., Mohanty, S., Pavey, E. S., et al. (2015). Hospities characteristics associated with penalties in the centers for Medicare and Medicaid services Hospital-Acquired Condition Reduction Program. *JAMA, 314*(4), 375–383.

Reiter, A., Fischer, B., Kötting, J., Geraedts, M., Jäckel, W. H., & Döbler, K. (2008). QUALIFY: Ein Instrument zur Bewertung von Qualitätsindikatoren. *Zeitschrift für ärztliche Fortbildung und Qualität im Gesundheitswesen, 101*(10), 683–688.

Rosenbaum, L. (2015). Scoring no goal – Further adventures in transparency. *New England Journal of Medicine, 373,* 1385–1388.

Schrappe, M. (2014). *Qualität 2030: Die umfassende Strategie für das Gesundheitswesen.* Berlin: MWV.

Schroeder-Printzen, I. (2014). Kosten und Nutzen eines Qualitäsmanagemnts. *Urologe, 53,* 15–20.

Schwartz, F. W., Bitzer, E. M., Dörning, H., & Walter, U. (2006). Evaluation und Qualitätssicherung im Gesundheitswesen. In K. Hurrelmann, U. Laaser, & O. Razum (Hrsg.), *Handbuch Gesundheitswissenschaften* (4. Aufl., S. 1169–1200). Weinheim: Juventa.

Seidel, D., & Bunse, J. (2017). Der postoperative Wundinfekt. *Der Chirurg, 88,* 385–394.

Shahian, D. M., Normand, S.-L. T., Friedberg, M. W., Hutter, M. M., & Pronovost, P. J. (2016). Rating the raters: The inconsistent quality of health care performance measurement. *Annals of surgery, 264,* 36–38.

Siess, M. A. (2002). Was ist Ergebnisqualität. *Der Chirurg, 73,* 540–544.

Simorov, A., Bills, N., Shostrom, V., Boilesen, E., & Oleynikov, D. (2014). Can surgical performance benchmarking be generalized across multiple outcome database: a comparison of University Health System Consortium an National Surgical Quality Improvement Program. *The American Journal of Surgery, 208,* 942–948.

Slotta, J. E., Kopsch, U., Ghadimi, M., & Kollmar, O. (2017). Management der akuten Appendicitis. *Der Chirurg, 88,* 503–511.

Stekeler-Weithofer, P. (2010). Qualität/Quantität. In H. J. Sandkühler (Hrsg.), *Enzyklopädie Philospohie* (S. 2184–2191). Hamburg: Meiner.

Sutton, M., Nikolova, S., Boaden, R., Lester, H., Mc Donald, R., & Roland, M. (2012). Reduced mortality with hospital pay for performance in england. *New England Journal of Medicine, 367,* 1821–1828.

Teichert, D. (2010). Urteil/Urteilskraft. In H. J. Sandkühler (Hrsg.), *Enzyklopädie Philosophie* (S. 2845–2849). Hamburg: Meiner.

Teufel, P. (2003). Der Prozess der ständigen Verbesserung (Kaizen) und dessen Einführung. In H.-J. Bullinger, H. J. Warnecke, & E. Westkämpfer (Hrsg.), *Neue Organisationsformen im Unternehmen* (2. Aufl., S. 504–524). Heidelberg: Springer.

Thiele, F. (2011). *Autonomie und Einwilligung in der Medizin.* Paderborn: Mentis.

Wahnser, R. (2010). Messung/messen. In H. J. Sandkühler (Hrsg.), *Enzyklopädie Philospohie* (S. 1572–1575). Hamburg: Meiner.

Weigel, T. F., Hanisch, E., Buia, A., & Hessler, C. (2017). Vertrauen und Verlässlichkeit in der Chirurgie. *Der Chirurg, 88,* 219–225.

Wente, M. N., & Waleczek, H. (2009). Strategie zur Vermeidung negativer Appendektomie. *Der Chirurg, 80,* 588–593.

WIDO. (2017). Mitarbeiter. Wissenschaftliches Institut der AOK. https://www.wido.de/institut/wido-mitarbeiter.html. Zugegriffen: 22. Juli 2017.

Wieland, W. (1986). *Strukturwandel der Medizin und ärztliche Ethik. Philospohische Überlegungen zu Grundfragen einer praktischen Wissenschaft.* Heidelberg: Carl Winter Universitätsverlag.

Wiesing, U. (2004). *Wer heilt hat Recht?* Stuttgart: Schattauer.

Yamamoto, T., Takahashi, S., Ichihara, K., Hiyama, Y., Uehara, T., Hashimoto, J., et al. (2015). How do we understand the disagreement in the frequency of surgical site infection between the CDC and Clavien-Dindo classifications? *Journal of Infection and Chemotherapy, 21,* 130–133.

Zielke, A., Sitter, H., & Rampp, T. (2001). Clinical decision making, ultrasonography, and scores for evaluation of suspected akute appendicits. *World journal of surgery, 25,* 578–584.

Zimmer, J., & Regenbogen, A. (2010). Zweck/Mittel. In H. J. Sandkühler (Hrsg.), *Enzyklopädie Philospohie* (S. 3129–3133). Hamburg: Meiner.